《语文报》编写组 选编

青春美文精品集萃丛书·真诚的美好系列

真诚是温暖世间的阳光

时代文艺出版社

图书在版编目（CIP）数据

真诚是温暖世间的阳光/《语文报》编写组选编. -- 长春：时代文艺出版社，2021.6
（青春美文精品集萃丛书.真诚的美好系列）
ISBN 978-7-5387-6711-7

Ⅰ.①真… Ⅱ.①语… Ⅲ.①作文－中小学－选集 Ⅳ.①H194.5

中国版本图书馆CIP数据核字(2021)第083853号

真诚是温暖世间的阳光
ZHENCHENG SHI WENNUAN SHIJIAN DE YANGGUANG

《语文报》编写组　选编

出品人：	陈　琛
责任编辑：	焦　瑛
装帧设计：	陈　阳
排版制作：	隋淑凤
出版发行：	时代文艺出版社
地　　址：	长春市福祉大路5788号　龙腾国际大厦A座15层　（130118）
电　　话：	0431-81629751（总编办）　0431-81629755（发行部）
网　　址：	weibo.com/tlapress（官方微博）　sdwycbsgf.tmall.com（天猫旗舰店）
开　　本：	880mm×1230mm　1/32
字　　数：	135千字
印　　张：	7
印　　刷：	三河市嵩川印刷有限公司
版　　次：	2021年6月第1版
印　　次：	2021年6月第1次印刷
定　　价：	36.00元

图书如有印装错误　请寄回印厂调换

编 委 会

主　　编：刘应伦
编　　委：刘应伦　赵　静　李音霞
　　　　　郭　斐　刘瑞霞　王素红
　　　　　金星闪　周　起　华晓隽
　　　　　何发祥　朱晓东　陈　颖
　　　　　段岩霞　刘学强

本册主编：金星闪　蔡丽华　姚　蕾

Contents 目 录

承诺是一缕阳光

那条巷子的我们仨	晋品婕	002
我想对范仲淹说	杨京昆	005
我读书・我快乐	陈彦亦	007
深夜里的偷听	乐妍儿	009
与欧阳修对话	张玉琳	012
夏天的心脏	章玲玲	015
眼神	张逾晓	017
夏天的触动	汪晨欣	020
承诺的分量	徐琳琪	022
挥手	胡晶晶	025
承诺是一缕阳光	赵梅子	028
没有兑现的承诺	艾青楠	031
美丽的选择	黄晨曦	033
守护美丽	张越洋	036
微笑就是甜蜜	李清香	039
微笑的味道	顾菁菁	041

河堤上，炊烟袅袅

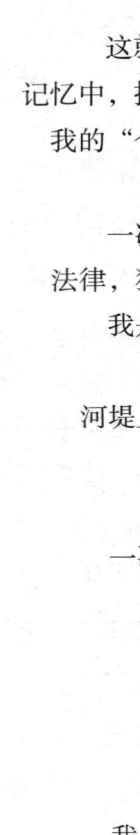

这就是我的选择 / 张　涛　046
记忆中，抹不去的风景 / 张丹阳　048
我的"个人服装秀" / 徐玉峰　050
夏令营小记 / 李鋆翔　053
一次成功的经历 / 鲁　昕　055
法律，犹如一道阳光 / 潘　璐　057
我是绿色小天使 / 刘子妍　059
走进警营 / 何美霖　061
河堤上，炊烟袅袅 / 程霏旸　063
"哑语"课堂 / 叶丁源　065
挖山芋 / 张馨月　067
一次合作的思考 / 朱维骏　069
防震大演习 / 陶　蕾　071
挖藕 / 陈子婧　073
争夺遥控器 / 周　萌　075
小小推销员 / 朱　婧　077
打预防针 / 唐益祺　079
我的"文明星" / 袁　彦　081
家庭法院 / 徐　亮　083
生活中的一幕 / 周晋如　085

桂花糕里的守望

难忘的一次家庭猜谜比赛 / 王欣玥　088
我们来当"商业家" / 宛　韬　090
改名也疯狂 / 林　颖　093
暑假趣事 / 夏哲辉　096
智当"小水工" / 李　琢　098
对"胖"说"拜拜" / 缪　锐　100
我为蚕狂 / 柏　檩　102
时尚外婆 / 夏侯江雪　104
方块字里看恩师 / 徐逸凡　107
游枫桥 / 周宗源　109
晒晒十二岁 / 姚致远　111
小狗醉酒 / 李浩然　115
桂花糕里的守望 / 熊旻昊　117

留在老街的记忆

幸福在这里 / 严嘉琪　122
"盲人"体验 / 夏　青　124
爱·回报 / 王　璐　126
牵挂 / 张馨月　128
享受幸福 / 卢　宁　130

烦恼三味瓶 / 蔡一然 132
春草 / 许静蕾 134
葫芦里沉淀的爱 / 朱婧 136
环保布袋我来做 / 陶蕾 138
魔术中的科学 / 王璐 140
考试帽 / 刘春燕 142
我会说动物语 / 徐文烁 144
寻"绿"之旅 / 丁小玲 146
感谢有你 / 陈浩 148
心底的那面镜子 / 李子安 150
镜子见证我的成长 / 周艳 153
小小的我长大了 / 侯欣蕊 155
姐姐 / 华琼玉 157
留在老街的记忆 / 吴志强 160

守望幸福

偷听来的鞭策 / 陈宜乔 164
"贼"妈妈 / 李方圆 167
迟放的电话 / 王乐颖 170
少了一半的土豆丝 / 孙光华 173
我的阳光 / 陆佳梁 175
崭新的老屋 / 李欣然 177
奶奶的老房子 / 胡子涵 180

心中的牵绊 / 许子璇　182

故乡的老屋 / 林英杰　184

重回故居 / 孙海博　187

重回故乡 / 田嘉怡　190

小巷里的阳光 / 马祎阳　193

回家 / 姚佳芮　196

一件不该听到的事 / 秦欣楠　198

懂 / 龚雅璇　200

默默 / 杨成贤　203

偷听 / 陈志远　206

守望幸福 / 柯　涵　208

外公的田 / 周子承　210

照镜子 / 于春峰　213

承诺是一缕阳光

那条巷子的我们仨

晋品婕

我的家在一条破巷子后的老式居民楼里,楼的墙壁经过岁月的洗礼,露出了大片红色的砖头,很有年代感。我就在这栋楼里慢慢长大。

小时候因为有个大我十八岁的亲姐姐,我三岁就有了电脑,没错,是我的。因为爸妈不懂得使用,姐姐也只教会了我基本的操作。她喜欢玩游戏,我跟着姐姐学了一款名叫"QQ堂"的游戏。就是你要想办法用炸弹把人炸死。我天天都玩,五岁已经在游戏榜排第七了。我很是得意,妈妈却在这时没收了电脑。

我自然非常生气,但并不无聊。隔壁小杨哥哥五年级,懂很多东西。我喜欢找他玩,他也喜欢跟我玩。有一次,我带着我的芭比娃娃到他家玩,他写作业,我玩娃娃。突然,小杨哥哥问我想不想画画,我说想,他便搬一把小板凳去抓橱柜上面的颜料。"阿姨为什么把颜料放这么高？""我昨晚写完作业画画，她不让我画，把颜料放上面了。"他有些气恼，"逼我读书，竟然放这么高，哼！"他生气地一扒拉颜料，颜料下来了，但同时两只杯子也朝我砸下来。我突然眼前一黑，小杨哥哥撞了我一下，我躺在了沙发上，爬起来一看，小杨哥哥趴在地上，背上两只水晶杯，一只滚了下来，另一只已经静止了。我跑过去把杯子放桌子上，一转身，小杨哥哥已经站了起来。"你没事吧？"他边拍着衣服边说。幸亏是冬天，他只是衣服有点脏并无大碍。"我没事啊！"我跑过去。他伸手摸摸我的头，长舒一口气。"没事就好，吓死哥哥了。"我望着小杨哥哥的眼睛，他笑着看着我，刘海儿使他看起来有一些酷。小杨哥哥很瘦，但他刚刚撞我那一下力气真大。我跑过去拉住他的手，到嘴边上的"谢谢"变成了"我想吃巧克力了"。"好。"他笑出了声。

后来小杨哥哥要上初中了，他很努力，成绩是很好的。我将他视为榜样，也努力学习，邻里都夸我是个聪明的孩子。整幢小楼也就三个孩子。五楼的小叶弟弟比我小一岁，他视我为榜样，在学校里也跟着我，不会做的题也喜欢来问我。他妈妈做好吃的，第一个邀请我，然后再邀请小杨哥哥。对此，小杨哥哥常抱怨，说不把他这个"老人"放在心里。有一次我和小叶弟弟像平时一样放学回家，小叶弟弟边走边兴奋地对我说今天在班上的乐事，丝毫没注意前面冲过来的同学。那一刻我的动作快过了大脑。我用最大的力气把弟弟狠狠一推，我却被撞倒在地。"疼！"我坐起来，看着那个手中本子撒一地的高年级同学。他已经站了起来，边认错，边挡着弟弟肉嘟嘟的拳头。我看着弟弟挥着拳头，差一点把自己挥摔跤，又望着他咬牙切齿的表情，突然就笑了。"喂！先扶我起来！"我喊道。他一颠一颠地跑过来。"姐姐你没事吧？"我摸摸他的头："你没事就好，吓死姐姐了。"我看着他害怕又关切的眼神，眼泪差点儿出来，没来由的心里就这样一暖。

现在，小杨哥哥上大学了，小叶弟弟誓要将跟班精神发挥到底，和我一起上学。虽然我搬家了，虽然老房子拆迁了，虽然小杨哥哥只有寒假才能与我们在一起玩，虽然长大了，我们的情感都含蓄了。但幸运的是——

我们仨没有失散。

我想对范仲淹说

杨京昆

一枝红杏,一缕春风,一池绿波,展现着春天的奔放;一声猿啼,一行雁阵,延续着秋天的忧郁;一茎孤根,一脉清香,冬天的坚定在绽放。你远离浮华,远离喧嚣,淡泊宁静,畅快自然。

范仲淹——你一生极尽坎坷,爱情的曲折,仕途的偃蹇,政治旋涡的挣扎,满腹屈冤的难鸣!对你充满希望的家人,和你共历劫难的友人,受你关爱的世人,无一不期待你能才显四方,官运亨通,济世为民。但是你知道,命运不济,仕途的黑暗之门永远容不下你这样一个生性放达的范希文。

但你能否依然豪气长存,依然气贯长虹,依旧不坠青云之志?最终,你没有轻易说"不"——因为你能,所以没有轻易对命运说不。

于是，你将功名利禄换了"政通人和"，在缺月挂疏桐之夜，你登上岳阳楼，有去国怀乡的悲伤，但你不甘坠落，当天气风和日丽，你再次登上岳阳楼，心旷神怡，宠辱皆忘。

"羌管悠悠霜满地，人不寐，将军白发征夫泪"，你吟唱着气势恢宏的诗篇缓缓走来，发动政治改革，将你从天堂打落到人生的低谷，但你并没有放弃生命的情趣，你用乐观的态度迎接生命的每一场风雨，用宽阔的胸怀去包容每一次挫折与苦难；"醉里挑灯看剑"，你用淡泊的心感受生活的每一天；"归去，也无风雨也无晴"，那是一种乐观，一种淡泊的胸襟而生发的无可比拟的个人魅力。

范仲淹，我想对你说：如果，如果生活是一片浩渺无涯的苦海，请不要轻易说"不"，敢于面对会是你挂长帆，济沧海的勇气；如果，如果生活是一座陡峭崎岖的高峰，请不要轻易说"不"，勇往直前会是你攀峭壁，登悬崖的魄力。

生命让每一个人都开一次花，但不担保都会结一次果，请不要轻易说"不"。

我读书·我快乐

陈彦亦

课外书,就像一首歌,唱出了青春的旋律;课外书,就像一杯茶,散发出淡淡的清香。高尔基曾说:"书是人类进步的阶梯。"现在,我来讲讲我童年的故事吧!

我小时候不知道书是什么,一天,爸爸拿了一本书让我看,那时,我已经开始认字了。起初,我不知道什么意思,但慢慢地,我发现了很多吸引人的东西,我看得很入迷。爸爸见我那么入迷,就给我买了一本《格林童话》。那些密密麻麻的小字,像一个个会跳动的音符,这一本书,打开了我读书的大门。

现在我长大了,不喜欢再看那些童话了,我喜欢上了四大名著,我也学会了体会那些迷人的故事。我为《水浒传》里的梁山好汉"大块吃肉,大碗喝酒"而叫好;我为《红楼梦》里的"金陵十二钗"而落泪;我为《西游记》

里的师徒四人的故事而感动；我还为《三国演义》中的战火飞舞而叫好……

  书，就是一位严格的教师，它会给我们很多我们还不会的东西，而那些不懂得品味的人，就不会有乐趣。其实，书就是你我的童年伙伴，只等你好好品味它。

深夜里的偷听

乐妍儿

已经半夜了,床头的闹钟声显得很大,有些吓人。

窗外暗淡的夜空中隐约有几颗闪着的星星。从窗户透进的光足以把屋子照亮。睁着眼,望着屋顶,又一次没考好了,却怎么也找不着原因。

原来一直是笑呵呵的妈妈变得一遇到什么事就向我发火,急得不得了;而爸爸呢?之前总是很爱讲笑话,现在突然的眼角不弯了,嘴巴也抿成了一条线,目光也很是严厉。

总之,在这经常考不好的洗礼下,我们全家都变得有些着急烦躁了,小吵小闹也没有幸免,早已成为常事。所以那几周家里的空气是冻结的,让人有些难以呼吸。

正躺在床上无法入睡,突然听见爸妈屋的房门被关上了,原本就微弱的光线变得更暗,几乎什么也看不见了。

不一会儿,那屋里就响起了妈妈的声音:"补习班报了,题也做了,怎么还考不好?"好一会儿,爸爸才说:"明天和她好好谈谈吧……"声音越来越低,模模糊糊的,渐渐听不到了。

但足以确定的是,他们还在讲话。侧过身子,竖起耳朵,想听见点什么。可惜,再怎么努力也只是白费功夫,真的听不到了,最多有些微微的叹气声,令我很是着急。真想下床听听他们在说些什么,却又像被钉子钉在床板上动不了,浑身没法动弹。

感觉时间过去了好久,身体因紧张而有些发硬发凉,仿佛一动就会发出骨头和骨头之间碰撞的声音。终于想到了一个好主意:"光明正大"地听,装着要去卫生间,也不怕被发现了。

我小心地掀开了被子,没穿鞋,脚踩在冰凉坚硬的地板上,没有什么声音。蹑手蹑脚,生怕发出了响声,一小步一小步走向了卫生间,值得庆幸的是,没被发现。我便放下了胆子去听,起初还能听到些抱怨与责怪,也许是太投入了,碰到了门。这声音惊动了父母,他们停止了说话。我的手心里不断冒着冷汗。心跳得很快,也许那是在这黑暗中最响的了吧。

悄悄回到房间,躺在床上,脑海里不断响起他们的对话,想起了平日里的种种,鼻子有些酸,眼睛里好像涌起了些什么。有了些自责,为什么我没有理解他们呢?

在这之后，我的成绩好像上去了点。家中犹如冰封的气氛也渐渐回暖。心中的紧张，神色的慌乱，手心的冷汗，无一不是那天晚上的真实写照。我自己都无法想象，那天晚上的我有多怕被发现。

很是难忘，虽然已经很久了，但我仍能记得，那天夜里，天有多黑，星星有多暗……

与欧阳修对话

张玉琳

我国古代涌现出许多杰出的人物,都为历史的进程起了一定的推动作用。但也有不少有能力的人,因为受挫而不再积极向上。

穿越历史,我看见那个因同范仲淹一道奏请改革被贬官的老人——欧阳修,常常坐在醉翁亭中同游人饮酒。他喝了一点儿,便醉醺醺倒在亭中休息。宾客们都在尽情地欢乐,沉醉在无忧无虑的氛围中。夕阳染红了老人苍老的脸,脸也不知是夕阳红还是喝醉红的,胡须像是浸没在红染料中,头发有些乱。他半卧着,眯着眼,听着喧闹的声音,脸上充满微笑,但口里喃喃自语地:"唉,我或许就只能这样了……"无奈地摇头。

我问他:"你难道真的甘心颓废吗?你只是经历一次挫折而已,就不愿重拾信心与希望吗?"

他脸上流露出不甘与无奈，但依旧没有振作起来。他的眉头皱成一个"儿"字，睁开眼，望着那被夕阳染红的白云。太阳快要落到山谷了，他的心情随之而失落。一个老人，对死亦无在乎，却对被贬官、无法为国出力而忧伤。他心怀天下，但天下又不是他能治理的。

我又对他说："欧阳永叔，你知道吗？汉朝，司马迁被宫刑，饱受奇耻大辱，却忍辱负重，完成《史记》；唐代，鉴真履次东渡日本，都以失败告终，甚至面临生命之险，他却坚定不移，向外传播中国文化。前人遭遇的失败比你的多得多，受到的伤害铭印在心中、身上，不可磨灭。而您呢？不关乎你年事已高，想想看，一个贬谪，就像那太阳落到山谷。古今贤士，常会经历此事，家常便饭，无须产生大起大落的伤感。到第二天，太阳会从山谷的最低处徐徐而上，发出和煦而灿烂的光芒，向人证明它的辉煌。人生也是这般，绝不会一帆风顺的。您现在深知自己心中的愁苦，想要改变现状，却以为心有余而力不足，这不应是你的想法。你应该向李太白多学一些'狂'，事在人为，只要一刻不放弃自己，时刻多思考一些治国的良策，就像跃动不停的心，皇上一定会听见你的心声，重新重用您的。"

说完，欧阳修脸上的愁苦一扫而空，他沉默不语，望着被月光普照的醉翁亭。皎洁的月光照在亭上，给它镀上一层银色。月光柔柔软软，好似光滑的丝绸，轻轻围绕着他，白发苍苍，却显得坚定了许多……"太守归而宾客从也。""人知从太守游而乐，而不知太守之乐其乐也。"

看见欧阳修的"乐"，心里感到踏实，便又从历史中穿回来了。

历史是无法改变的，改变的是我们心中的愿望。同样，未来是可变的，因为命不是由天定，而是掌握在自己手中。

夏天的心脏

章玲玲

郭沫若在《石榴》中将石榴比作夏天的心脏。如果是我，我认为夏天的心脏应该是栀子花。

我自小对栀子花有一种特别的喜爱，它的花语是：沉默的爱。我自认为这很像我的母亲。几个星期前，母亲从上海回家来看我们，在此期间，我们回了趟老家，也欣赏到栀子花那不可言说的美。

盛夏，溽热的酷暑逼人，阳光直射，直教人睁不开眼，院中的那株栀子花又开了。真像是栀子花的约定，一年前，我们曾赏到开败的花儿；一年后，依旧错过了栀子花最好的时节。开败的花瓣边泛着枯黄，近似土黄色，随中心漫上，呈现鹅黄、嫩黄以至淡黄。花虽败，香仍在。可以用物理知识解释，骄阳似火的夏天，栀子花香格外浓郁，似乎追忆了过去泛黄而美好的时光。弟弟让母亲给他摘一朵儿，母亲伸手去挑选栀子花，我脑海中一刹那回忆起我曾让母亲帮我去摘栀子花的童年记忆。忆当时年少，只贪栀子香。重看今日，才悟母爱。

栀子花于夏季开，炽热心在被母爱包围的时刻跳动。

倘若栀子花于冬季开，香味便不会传多远；倘若一颗冰冷心长存，纵使生活处处有母爱，也不会知道的，停止跳动无异于死亡。

可惜，栀子花的花期并不长，朝盛夕败，只能在夏天给世人展示自己那份高贵的香味。而母爱却在人生历程中无处不在，紧紧包围着我们，像心脏，在每时每刻，每分每秒永不停歇地跳动。扰人的夏天不会因人生命的逝去而不再来，栀子花开败也会有新芽等待绽开；人生仅有一次，到达终点无返程票。母爱如花，亦如香，温馨持久，久闻不腻，随花长存。所以，对仅有一次的人生，应以饱满、充沛而炽热的态度，拥抱那萦绕身旁的爱。

脑里闪现过各种画面，果然，生活处处有母爱。我真的很喜欢夏天的心脏，因为母爱如栀子花熏染了我的人生。

眼　　神

张逾晓

在灯红酒绿的花花世界里，一个蓦然转身，我看到了这一双眼睛。

黑色的天空并不像水墨画般富有情调，路上的霓虹灯将夜空照亮，黑色的边缘像是染上了血光。这双眼睛也正在看着略带血色的天空与鲜血淋淋的案台，眼睛里顿时掠过一丝惊恐，因为它嗅到了死亡的气息。

它惶恐地踱步，在狭小的笼子里发出一声又一声哀号。一个身系围裙的黝黑大汉顺势操起案台上的菜刀，在它的眼前晃了晃，这时我发现它的眼睛随着菜刀闪过的寒光一下子变得空白了，显露出茫然，它的嘴巴还一张一合，机械地叫着"咩——"。大汉轻轻放回菜刀，双手抱胸站在笼子旁，像是在等待着什么。不一会儿，笼子周围便多了几十位爱看热闹的人士。顿时我才明白大汉是想借羊的喊叫声吸引来人群，好让人们知道城市里还有这么一个"烤全羊"的饭店。

周围的人笑语盈盈地看着小羊，有位打扮得珠光宝气的女人还迫不及待地问："老板，怎么还不动手呀！"这一问，响应者纷纷接口，大汉安抚下众人激动的情绪，缓缓打开笼门，随着门口的铁栓的一声撬动，羊猛然昂起头，空洞的眼睛瞬间流光溢彩，撒开短短的小蹄子就往外奔。那炯炯的眼睛像是潭底的石块，清澈水灵而又有劫后逢生的喜悦。可这生命中最后的一腔热情仅仅持续了三秒，因为它发现自己脖子上的铁链正被大汉紧紧地攥在手中，并且有一股蛮力正在将它向案台边拽去。起初它还反抗，眼睛痛苦地上翻，但它很快就败下阵来，脚步紊乱如柳絮般软绵无力，它跟跄地向案台边靠近。

温顺的羊儿闻到案台上血腥的气味后居然咕咚一声跪倒在案台边，大汉硬是把它托上案台，接着拿起白晃晃的菜刀。这时静悄悄的，只听见一声悠长的"哎呀"！循声望去，竟是那位打扮得珠光宝气的女人在惊呼，只见她扑到西装革履的男人怀里，还用纤细的手指蒙住了双眼，这娇弱之态与之前的急不可耐简直判若两人。

羊的眼睛依然空洞，但突然变得亮闪闪的，是泪水还是回光返照的流光溢彩？这时许久未开口的它长哀一声，在这凄凉的号叫里它的眼睛直勾勾地盯着血色天空，眼神里透露着绝望与愤恨。它是在抱怨自己为什么是头羊还是在控诉人类的暴行呢?

未来得及多想,大汉拿刀的手已在空中挥舞。我转过身去,一股浓烈的血腥味弥漫开来。在它那令人心碎的眼神里,做人的羞耻感无端漫上心头。

夏天的触动

汪晨欣

"接天莲叶无穷碧,映日荷花别样红",古往今来有许多文人墨客泼墨挥毫,用他们自己的方式在这炎炎的夏日里留下他们的痕迹。毫无疑问,生机勃勃的夏是很多人最喜欢的季节,我亦如此。

几缕阳光透过窗帘直直地照射在我的眼上,本睡得香甜的我顶着一头蓬松的头发,带着一双惺忪的睡眼挣扎着起床。洗漱好后,我立马又跑回房里,抱着半个西瓜开始吃了起来。这样的天气,吹着空调吃西瓜不就是最好的选择嘛。

我毫不犹豫地相信,若不是有必要的采购,我整个夏天都要窝在家里了。傍晚,待晚饭吃过后,我便缠着妈妈带我去超市。这时,太阳虽已落山,但热浪仍然烧灼着大地,地面烫得人脚底板都感觉得到。

走进超市,看着琳琅满目的商品,我东拿一个,西拿一个,不一会儿,购物车就被我装满了。待结账后,我和妈妈一手拿着一个大购物袋。

走出超市,见一大群人都围在一起,我和妈妈便也好奇地走了过去。只见一家四口正处在人群中间:一对夫妻和一对姐弟,妈妈抱着傻笑的弟弟,父亲躺在后面的凉席上,身体瘦削,脸色蜡黄,而那个姐姐手上拿着一个劣质的麦克风在唱歌。

只见她肤色黝黑,两颊通红,满头大汗,身上的白衬衫也湿了大块,牛仔裤因洗了太多遍而有些泛白,脚上的板鞋也有些泛黄。看着这个比我大不了多少的姐姐,我心中莫名有几分发酸。

从旁人的交谈声中,我得知那个父亲身患尿毒症,那个在母亲怀里痴笑的弟弟因生下来不足月而痴傻。那个姐姐成绩优异却因家境贫寒而中途休学,而在他们家里最贵的电器只是一个小风扇。我想转身离去,却感觉脚下如灌了铅一般沉重,手中的购物袋也如一块热铁烧灼着我的手。

我不记得那时的我是怎样浑浑噩噩地回到家,只记得回家后,我就直接回房间躺在床上,眼泪不知为何一个劲地往外冒。至今我已不记得那个小姐姐的面容,只是那刹那间的触动至今想起仍是不减毫分。

承诺的分量

徐琳琪

> 每个人在心中都有一份不可辜负的承诺,那是他们的圣洁的花。
>
> ——题记

晴天,是对于白云的承诺;花朵,是对于蜜蜂的承诺;彩虹,是对于细雨的承诺;阅读,是对于书籍的承诺……

承诺,是一朵花。那一次,我第一次拥有承诺,第一次拥有了那朵含苞欲放的蓓蕾。

那时,刚刚六年级的我,一颗浮躁的心还尚未尘埃落定。在一个作业较少的周末得到一本小说集,并在书里看到一篇有点忧伤的关于承诺的故事——

学校的课程是这样繁忙,她却忙里偷闲,趁着周末的一点缝隙在少年宫报了绘画班。那是她第一次去上课,来得太早了,门还没开,她只好坐在台阶上吃自家做的煎饼卷。

"这,是竹节吗?"一个少年用手指戳了戳她那两个绑满皮筋的辫子。

她涨红了脸,不满地看向少年:"要你管。"

"只是说一下嘛,又没事,哎,你也是绘画班的吗?第一次来吧,我是这个班的班长,很高兴认识你。"说着,他还故作正经地伸出手。

她没好气地拍掉悬空的手,却发现他一直盯着自己的早餐看。"这个,你要吃吗?"她扬了扬手中的煎饼卷。

"好啊,我跟你换!"他将手中的三明治递了过去。

"很好吃啊!"

"这是我妈妈自己做的哦!"她得意地说,顺带舔了一口涂满奶油的三明治……

后来,他经常带东西给她吃,还带着她一起旷课,去公园长椅上坐着吃东西,主要是他买她吃。

有一次,他在长椅上告诉她,自己是高三学生。

有一天,少年带她去了火车道旁的长桥上。"这是我的秘密基地,当我心情不好时,总会来这,让驰去的火车带走不良的情绪。"

"以后,我们一起坐火车去远方。"他盯着她看了很久说道。

"嗯！"她使劲点头，咬了一口他给的苹果，很甜。

"火车，带我走吧！"一列火车在长桥下驰向前方。

"火车，带我走吧！"她兴奋地扔掉了手中的苹果……

他已经很久没来了，突然有一天指导员递给她一封他的信：高三的课真的很忙，我可能不会再来了，火车的梦还在，我却无法驰向远方。

她再次来到长桥，看着飞驰的火车，慢慢松开紧握信纸的手。

火车已驰向远方，他们的承诺却不会实现……

挥　手

胡晶晶

一万次的道别抵不过一个挥手的动作。

充溢着冷气的空调车在这段路上显得格外清冷，长长的柏油路在阳光下闪着银光，像是一道长河伸向远方，竟连人烟也没有。宽大的车厢里只有我与司机，除了公共汽车颠簸的嗡鸣声，别无他话。

"下一站，老年公寓，请下车的……"一道清丽的女声打破长久的寂静，司机往后看了一眼，专心开着他的车。突然，车停了，我的身子略微向前倾，又很快仰回原来的地方，车门划过小小的弧线向一边靠去，首先看到的是一只穿着深蓝色布鞋的脚和半截带着黄漆的木拐杖。

车厢内又响起那道女声："……提醒您，老年公寓到了……"车后门向两边利索地打开，又很快合上，暑气却还是抓住这空当，冲进后门，扑得我的腿一阵暖洋洋。我注意到窗外的那个老奶奶，离得远，倒也看不清容貌，只看见她的手，放在肩前缓缓地摇动着，频率很慢。

再回神，一位老人已经扶着车门的铁杆，坐到离车门最近的座位上，捏在手上的拐杖静静地搭在腿边，刚刚坐稳，便回头去向窗外的老奶奶挥手，面带微笑，是那样的虔诚，好像在做一件伟大的事。

"吧嗒"一声轻响，车门关上了，我也不关心两位老人之间的互动，也不关心他们的关系，闭目养神起来，毕竟是路人。

又晃荡些许时分，目的地却还远得很，广播又来扰我的清静。习惯性地睁开双眼，惺忪地看着前方，那位老人起身缓缓扶着一边的铁杆，用拐杖打探着又从前门走下车去，一阶一阶，也像挥手那般郑重，我和司机都不着急，等老人慢慢下。

一切又回到刚刚开始的时候，只剩下我和司机两人，那老人悄悄地来又悄悄地离开。下车后的老人缓缓地举起手来，也是放在与肩头相近的地方，同那位老奶奶一样，挥起微微颤抖的右手来。

司机握着档把，目视前方，已转动方向盘准备离开，完全没有注意到老人的挥手。车厢动起来，又听见低低的嗡鸣。

我慌然转过身去，用额头抵着窗户，目光紧紧地追随老人，他还是那样的动作，站在刚刚停过的路边，缓缓地挥着手,直到老人的身影慢慢融进太阳的光辉。汽车转了一个弯,老人便消失在树木掩映的路口。

我再也没遇见过那位老人,甚至再没坐过这道线上的公共汽车,大概是快忘了这件事。

直到今天,我在车外鬼使神差地向已经道过别的朋友挥手,当朋友笑着向我挥手时,才想起,曾经有两位老人,在一条路上,都虔诚地做过这样的动作……

承诺是一缕阳光

赵梅子

古时,商鞅为建立诚信,获得民心,承诺将一根木头搬进城中者可得十金,没有人相信。直到他把赏金提到五十金,才有一个人去搬了木头。他遵守承诺,毫不吝啬钱财,给了这人五十金,他因此得到了百姓的信任。最终,商鞅因受百姓爱戴,变法成功,使秦国强大。

商鞅立木建信的小故事足以见到信守承诺的重要意义。虽然在日常生活中,我们对他人的承诺不会像商鞅那样影响整个国家,但诺言却随时在发挥着力量,影响着周围的人。

五年级时,我数学挺好的,同学小梦在向我请教数学时,我发现给人讲解题目的感觉真好。于是,过了一段时间后,老师开展"一对二"互帮互助活动,两位学生辅助一名学习有困难的学生。同学小梦身在被辅助者之中,我认为那种帮人解答题目的快感好像是掉进甜罐里,所以当老师询问谁想帮助小梦时,我便站起来,挺直腰板,主动请缨,和我一同的还有另一个同学。

老师随即打量了我与另外一位辅助者,脸上露出满意的表情,默许地点了点头,让我俩坐下,并对全班同学说:"刚刚主动帮助的同学们很好,我希望大家能够信守承诺,好好干,帮助同学提高也是自身的提高……"之后,老师说的话,我记得不是特别清楚,只知道在我主动请缨的那一刻起,我便对小梦及老师做出承诺,必须信守承诺……对,信守承诺!

承诺后的那几天,小梦有什么题目,我都尽自己最大的能力去解决。那些数学题目仅是简简单单的分数、面积求法等。我教她时,努力像老师那样,循循善诱。或许是心急吃不了热豆腐,她有些问题需要我一步步地提醒与反复计算才明白其中的道理。我有时对她反应之慢,有种"玉不琢,不成器"的感受,但当她能够自己独立解出题时,我却比她还开心。

有一回,老师出一张计算小卷子,一题十分,共十题。我以为她在辅助下会得优异的分数,但不幸的是因她的马虎,错了三题。这相较她平时的分数已经很不错了,可我认为她还有极大的上升空间,在我的辅助下,她咬着牙,表示一定努力,我也模仿老师的口吻,语重心长地说:"小梦,你多数错在粗心上,如果多仔细点,期末考试不是问题！"她将信将疑地打量我，我态度肯定，因为每个人的智商差不多，成绩好坏是与付出多少成正比的。我有信心将她的成绩往上提升，因为这就是我对她的承诺。

酷暑逼近，暑假即到，我们迎来了期末考试。小梦的努力结果印证在成绩单上，各科均在八十分以上……看吧！信守承诺，利人利己。

平日，很少承诺，因为怕失信于人，可一旦对他人许诺，我便努力完成，因为不可对不起他人的期待，也要对得住自己对自己的承诺。这就是我的承诺。

没有兑现的承诺

艾青楠

上一年的冬天,是一个不太寒冷的冬天。新年刚过,一切还是爆竹满天飞的欢喜场面,妈妈让我们去外婆家多住几天,外婆家旁边住着一对母女,听说日子过得很艰苦。

我见到那个小姑娘时,她正在玩秋千,衣服虽然不是新的,但是很干净,整个人显得很精神。因为年龄相仿,我们又有很多共同语言,所以很快成了朋友。可是,小姑娘总是将手插进口袋里,我觉得很奇怪。

在一次游戏中,小姑娘一个没注意,将手伸了出来。我终于看见了她的手,她的手上长满了冻疮,那是一双怎么样的手啊!手上起了厚厚的茧子,皮肤因寒冷而裂了许多口子。我终于明白了小女孩为何总是将手插进口袋里。我也有过同样的感受,怕自己的疤痕吓到别人,也怕别人中伤自己，怕自己不敢去面对……我收回了目光，装作什么都没有看见。我对自己承诺：我要为小女孩买一盒冻疮膏。

回去以后我很快把这件事给忘记了。正月时，我再次回到外婆家，一看到小姑娘，愧疚之情不禁油然而生，决定下次回老家一定要带去冻疮膏。

回去的时候，我早早地就买好了冻疮膏。二月底，我再一次回到了老家。一下车，第一件事就是去找那个小姑娘，可是却怎么也没有找到那个小姑娘。她们家也是大门紧锁。我去问外婆，那母女一家去哪了？外婆说她们搬走了，要进城去务工。当时，我的心里又有一种愧疚之情，不知道该怎么说出口。

冻疮膏还是静静地躺在我的桌子上，母女俩的家依然大门紧闭，时间依旧不停地流逝，我依旧没有见到那位小姑娘，我的承诺依旧没有兑现……

或许，我的这个承诺就要这样的石沉大海，消失在冬天的尽头，时间的废墟里了吧……

美丽的选择

黄晨曦

我一直以来就知道自己是一个纠结的人,尤其是在需要做出选择的时候,这种纠结更是表现得淋漓尽致。可当我真正做出选择的时候,我是那么的快乐、轻松。

晶是一个黑瘦的女孩,瘦削的脸上有几道淡淡的疤痕,如蜈蚣一样趴在女孩本就不怎么好看的脸上;嘴角向下撇,一副很不高兴的样子;身上的衣物更是有些肮脏。这样的第一照面,就注定了她不会很受欢迎。因而当她来到我们的班级时,只有稀稀落落的几个掌声。显然,她也并不在乎,径直走到她的座位上,嘴角勾起了一个略显讽刺的弧度。

本就不受同学欢迎的她,在上课时不是睡觉,就是看各种漫画书,之后的考试成绩更是一塌糊涂,这也让本身对她还有几分关注的老师彻底"放弃"了她。不过,她依然我行我素，不在意他人的看法，也让同学们对她愈加排斥。

过了一段时间，关于她的一些不好传闻也渐渐传了起来。

早晨，我径自走进校园，听见后面的几个女孩子在谈论晶，我不由得放慢了脚步："听说她爸爸妈妈不要她了，因为她偷人家东西，所以她爸爸妈妈把她丢给她奶奶了。""是啊，因为她奶奶年龄大了，也没法管她太紧，所以她还是偷东西。""好像有人看到她昨天偷东西了"……

这样一番对话，让我对她的印象不好了起来，更是在她摔坏了我最喜欢的一支钢笔后，没一句"抱歉"，让本就"小心眼"的我暗暗记恨上了她。

几天后，我刚进班级，便感到十分不正常的气氛。文艺委员在位子上哭得梨花带雨，身边许多同学都在安慰她，而晶站在她的面前，背挺得笔直，只是眼圈微红，身边没有一个人，像极了悲伤的小兽。"我没拿你的东西。""我们可是都看到了，别想狡辩。"

最后，这事竟闹到了班主任那儿。我看着她依旧是像早晨那样背挺得笔直，看似心无波澜的样子。但我却注意到她的双手紧紧攥成了拳，攥得发白，声嘶力竭地喊道："我没拿，就是没拿。"眼睛血红的她，无疑更让人怀疑了。

我站在人群外，不知该说不该说。我看到是一个别班女生拿了，又将它扔了，看着她在那里被周围人指点、辱骂，承受不属于她的辱骂，我的心里不知打哪来了一种力量。穿过重重人群，说："我知道是谁做的，但绝不是晶做的。"

　　看着周围人吃惊的表情，甚至有人连我也一起骂了。我笑了，我知道我做了这辈子最正确的选择。

守护美丽

——读《草房子》有感

张越洋

这是一部值得细细品味的长篇小说。

作品写了男孩桑桑刻骨铭心、终生难忘的六年小学生活。六年中,他亲眼看见或直接参与了一连串看似寻常但又催人泪下、撼动人心的故事;少男少女之间毫无瑕疵的纯情,不幸少年与厄运相拼时的悲怆与优雅,残疾男孩对尊严的执着坚守。

其中美得如余音绕梁的文章是《艾地》。

文章中的秦大奶奶是个孤寡老人,劳苦一生所换来的只是油麻地小学里的一块艾地。校长桑乔想尽办法将秦大奶奶赶出油麻地,秦大奶奶也不惜一切地扰乱桑乔校园的正常生活。两方针锋相对的僵持局面因乔乔的落水、秦大奶奶的拼死相救而打破，反而还变得温柔美丽。桑乔开始容纳秦大奶奶，而秦大奶奶也尽心竭力地保护着油麻地小学的一草一木。和谐纯美的开端却又因秦大奶奶的去世而收尾。文章荡气回肠，令人回味。

文章中的一个细节让我深思。秦大奶奶两次落水，原因却有所不同。一次是救油麻地的学生乔乔，一次是救油麻地的一个普通南瓜，并因救南瓜而溺水身亡。肤浅的人会认为故事情节搞笑，秦大奶奶救南瓜是因为她已经老成老小孩了，成了其他老婆婆口中的"老痴婆子"。其实不然，秦大奶奶救南瓜比救乔乔更令人动容与悲恸。南瓜很普通，但它是油麻地小学的一员，就这一个简单的原因使秦大奶奶愿用自己的生命去换来南瓜的一线生机。这凄美而傻傻的举动表现出秦大奶奶对油麻地小学已经爱到了极致，认为自己有责任去保护其中的任何一个生命。

那么使秦大奶奶对油麻地小学的态度由恨转爱的因素又是什么呢？

是孩子们对她的爱与陪伴，让秦大奶奶在有生之年感受到除了"地"还有其他生命带来的喜悦。爱与爱相互理解与包容才促成这样难得的美丽故事。

《草房子》格调高雅，由始至终充满美感，但也暗藏着一丝哀怨与忧伤。现在人与人之间需要试探，多了怀疑，生活中稍微美丽的举动会被污蔑为傻事，甚至被居心叵测的人给利用，让我们不得不相信这些美丽得有些梦幻的故事注定在淡黄色的书页里永远封存。

　　请卸下伪装与防备，让爱与真情呈现出原始的朴素姿态。生活中并不缺少美丽，只是美丽稍纵即逝，缺少了守护美丽的人。让我们从现在起守护美丽、维护真情！

微笑就是甜蜜

李清香

在我看来，微笑有如火焰，照亮人们的前行之路，给人以无限的阳光与动力。对呀，透过时光昏暗的缝隙，我窥见了几个笑容，似乎闻到了一股非常甜蜜的味道，我不由得停下了脚步，看那几抹微笑，是的，被我遗忘又被我忆起的深刻微笑。

转学后报到的第一天，我显得很怯懦，一想起姐姐说的转学生很难交朋友，这一句话，让我不由自主地打了个寒战，心里想：与其这样，还不如不交朋友了，就好好学习就行了。

报到过后，我来到了班级，发现班级里已经来了一些人，看着这些陌生的面孔，一半会儿觉得非常孤独。我只好盯着黑板发呆、出神。身旁坐着的人越来越多，这个时候，坐在我身后的一个女生，突然拍了拍我，问我叫什么名字。我显得有一些窘迫，不知该怎么回答才好，过了一会儿，我才回答了我的名字。随后，她也说出了她的名字，并报给我一个甜甜的笑容。

那笑容，可真是甜呀，如一抹阳光，照亮了我内心的阴霾，并使我放下了内心所有的防备，我也变得快乐，活泼起来。对啊，交朋友可以使我快乐呀，也可以帮助我解决许多难题呀，为何我要封闭自己呢？从此，我变得非常的活泼，也善于交朋友了，也变得活跃了许多。

笑容，如一抹阳光，照亮了心中的阴霾；笑容，如一丝清泉，滋润了心中的干涸；笑容，如一缕清风，散去了夏日的炎热。让笑容挂在我们脸上，给他人带去力量。

微笑的味道

顾菁菁

微笑，治愈的味道。

几年前的这座城市，公共汽车只有如今车身的一半大，那时的车还不是自行投币，而是由售票员收费售票。车上服务的有两个人，一位是司机，总是沉默不说话，专心开车。一位是售票员，一般都是吵吵嚷嚷的样子。我每天都会乘坐这样的红色公共汽车，在拥挤的人群里听售票员扯起嗓门吆喝，满满的一车人也在听。车颠簸地行驶在路上，售票员放肆吼叫的声音盖过破旧公共汽车摇晃的声音。

从那时起，我就厌恶乘坐公共汽车，公共汽车售票员的形象已经在我心中深深扎根。以至于每一次坐车，我都会站在角落里，只为离售票员远些。

直到有一天，破旧的公共汽车像往常一样停靠在我面前,车门笨重地打开,发出"哐当"的声音。车顶的小型电扇摇摇欲坠,落满灰尘。映入眼帘的是一根根掉了漆的柱子和那些断了一半的扶手,露出深灰色的底色,显得格外破败又荒凉,就是这样破旧的小车,而我每天必须依赖它跨过学校与家之间的距离。

一上车,抬头撞见的是一位中年的大叔,很高,而那灿烂的微笑映入我的瞳仁,与窗外如火的夕阳辉映。那憨厚的笑是很温暖吧,真的是很温暖的笑啊。看着他的笑,不由得心中温暖了起来。别开视线,我越过他径直去寻售票员,往日这个时候,售票员应该早就吆喝着:要买票了。环顾四周,竟没发现售票员,真是"千年等一回"。

一转身,还是那温暖的笑,像一股暖流,从眼中进入,传遍全身,他穿着黑色的外套,衣领已经起了褶子,显然是洗过很多回,牛仔裤泛出点点白色,与一边泛黄的车座是那样的不同,上下打量他,才注意到他左手拿着一个小篮子。突然想到了什么。他竟然是——售票员。我惊讶地看着他,他也在看我,四目相对,对方眼中的笑意早将我心中对售票员印象的三尺寒冰融为一潭清泉,好像刹那间就开出了朵朵春花,心中的惊骇从潺潺流水化为了江河奔腾。

匆匆低下头,却听见他"噗"地笑出声来,接着是爽朗的笑声,明丽清新又铿锵有力。我在满车的笑声中,仰起泛红的脸,将手中的一元钱递到了他的手里。

此后，我经常会遇到这位叔叔，他那一如既往的微笑在潜移默化中治愈我与售票员深深的芥蒂。

下班的人们带着一天的疲倦坐车返家，学生背着笨重的书包回来，奔波的人们带着满腔的愤慨到达下一个要到达的地方。这温暖的微笑一定治愈了所有人的忧伤。

微笑是最廉价的，也是最珍贵的。它不会收你一分一厘，却能带来整个春天。微笑，与爱并肩的治愈的魔法。

河堤上，炊烟袅袅

这就是我的选择

张 涛

我站在店门前有些不知所措了。

心情有点复杂地回了家,在餐桌上,我对父母说了那件事。父母断定:"傻瓜,你肯定被骗了。"我心如死灰,我存了两个多月的零花钱啊!难道就这样打水漂了?

刚刚一个大学生模样的人问我借了一百元钱,说有急用,看他满脸着急的样子,我相信了他,他不停地道谢,让我在晚上六点之前在这小店门口等着,他会还给我的。我只点了点头。

我坐在了公园的长椅上,看着来来往往的人群,忽然就看见一个衣衫褴褛的小女孩抱着一个募捐箱在人群中穿行着,她好像看见一个人,都要说些什么,直到那个人摆摆手,她才失望地离去。

又是一个大学生,走到那女孩的面前,耐心地听女孩说话。最后，他毫不犹豫地从口袋掏出一百元放到了募捐箱内。女孩似在不停地说谢谢，大学生也微笑着说不用谢，我惊讶地看着他们。

我走到那大学生的面前，与他聊了几句，后来问他："你就不怕被骗吗？"他云淡风轻地说道："那女孩的眼神，表情都不像是假的。况且，一百块钱嘛，没了可以再赚，做了一件善事，快乐也打从心底上来。"我向他道了谢，他一脸诧异，还是说了声"不用谢"，我也慢慢相信那个大学生会还我钱。

我开始不后悔做出那个决定，人家那样地着急，肯定有事。我晚上出去时，老妈还在说："算了吧，也是浪费时间。"我说："他肯定会还我的。"

我站在店边看着那街的尽头，一个人出现在我的视野里，向我跑来，是那个大学生！他从口袋里掏出了一百元，递给我，还不断地说谢谢，道了别，就走了。

我最开始的那个选择并没有错！这就是我的选择。

记忆中，抹不去的风景

张丹阳

记忆中，河堤上那升起的袅袅炊烟，那飘起的浓浓香味，那匆匆忙碌的身影，那锅碗瓢盆交织的乐曲，成了抹不去的风景。

那天，太阳像一个大火球炙烤着大地，空气似乎在燃烧着。一条白色长龙缓缓地向河堤移动，那是城关小学的夏令营队伍。尽管烈日炎炎，但是河堤旁却是那么清凉，这儿就是我们的目的地了，大队人马在河堤上停了下来。今天，我们要在这空气新鲜的地方感受大自然的气息，举行盛大愉快的野炊活动。

我们小组的营员聚集在一起，选好地方，铺上台布，把各自的书包整齐地摆上去。大家挽起袖子，把炊具、餐具全拿了出来。这个拎水，那个掌勺，徐玉峰和我当了大厨，忙得不亦乐乎。

第一道菜是炒青菜。徐玉峰出场了，看他"大腹便便"的样子，真有点大厨的模样。瞧，他将菜放在锅里，炒两下，翻两下，做得有模有样的。最关键的可是放盐了，只见他拿起装盐的袋子，小心地将盐放进锅里。一个"小馋猫"拿着筷子走过来，夹起菜就吃。大家异口同声地问道："味道怎么样？"他说："太烫了，不过——味道不错！"大家都开心地笑了。

今天，我也过了回瘾。封完大厨"官"，立刻走马上任，炒了最拿手的菜——炒鸡蛋。我把油倒进锅里，晃了两下，油稍热后，便把搅拌好的鸡蛋倒进去，不断地翻炒。过了一会儿，菜香味飘了出来，直往我们鼻孔钻。望着黄灿灿的鸡蛋，闻着香喷喷的气味，我的心仿佛被浇了一罐蜜，甜丝丝的。

菜齐了，我们围着台布，津津有味地抢着吃了起来。看着大家嬉笑的样子，我想：这顿美餐吃得真香呀！比平时妈妈烧的"美味佳肴"香多了，因为这是我们自己亲手做的，是用汗水换来的！

虽然事情过去很长时间了，但那河堤上的炊烟，同学们的欢笑，还有那诱人的饭香，依然是我记忆中一道抹不去的风景，让我时时感怀……

我的"个人服装秀"

徐玉峰

要换季了。今天,妈妈整理衣橱,把夏季和冬季穿的衣服拿出来整理。可没过一会儿,便有"圣旨"传来叫她去"上班"。妈妈只好放下手头的活儿,匆匆走了。

"耶!"现在,整个家就是我的"小天地"了,我成了这里的"头儿"。可是,该干什么呢?我绞尽脑汁地想着玩法。突然,床上的衣服映入我的眼帘。"对了!"我脑子里灵光一闪,干脆就来一场"个人服装秀",让我也来好好"秀一秀"自己吧!

皮夹克"小马哥"

说干就干,我从衣服堆里翻出一件爸爸以前穿过的皮夹克,往身上一套,再戴上墨镜,往头发上喷点啫喱水。

一照镜子，哇！真是帅呆了，酷毙了！形象一点也不比"小马哥"逊色，面部表情严肃，显得很冷酷，更增添了几分帅气，我要一回头，绝对会迷死人。

西洋学子

接下来该穿什么衣服呢？我翻来翻去，就是找不到一件合适的衣服，真是气死我也！就在这时，一件迷你礼服吸引了我，会是谁的呢？想起来了，这是我小时候参加婚宴时穿的。蛮帅的，可就是太小了。豁出去了！我使出吃奶的力气穿上了它，再打上小领结。哈！一个风度翩翩、相貌堂堂的"西洋学子"便隆重登场了。可是，随着"咔"的一声，线断了，袖子四分五裂了。

天下第一丑女

下面，我决定来个"角色反串"，将自己打扮成一个美女。我挑出妈妈最短的连衣裙，系紧腰带，头顶女士专用遮阳帽，再穿上妈妈的高跟鞋，精心打扮之后，我来到镜子前。"哇！我的妈呀！"差一点把我吓死，真是"天下第一丑女"呀！这种相貌实在令我难以接受，算了，还是快"下台"吧！

四季组合超炫

经过我的精心"策划",压轴好戏登场了,把四个季节的衣服混合在一起穿。春天的长袖T恤,夏天的马裤,再围上围巾,最后将大风衣披在身上。没想到,这一"四季组合装"超级炫,全身动起来无拘无束,十分洒脱。春、夏、秋、冬的衣服起到了各自的作用,一"身"独秀,本次服装秀中最棒的就是它了!

门外传来脚步声,不好!是爸爸回来了。我立刻乱了手脚,家里被我弄得一片狼藉,该怎么办呢?慌乱之中,我又打翻了水杯,水全洒在衣服上,完了!完了!门已经被慢慢打开……

夏令营小记

李絷翔

天气晴朗，万里无云。上午七点半，王教官让我们到楼下集合。得知今天要去国防园打靶，我们一个个摩拳擦掌，兴奋不已。

王教官宣布纪律后，拿起身边的枪，向我们介绍了枪的型号、性能……听着王教官那津津有味的介绍，队伍里不断发出"哇——""哇——"的惊叫声，大家都为自己马上能用这种枪打靶而高兴。

来到国防园，走进一片空地。王教官布置好场地后，首先给我们做了示范动作，接着说："打枪是讲究技巧的，我们不能盲目地过靶（把）瘾。拿枪时应左手托住枪身，其余四指握枪把。射击时应闭上左眼，右眼透过准星瞄准，这就是'三点一线'……"

同学们认真地听着，还不时地模仿着。那神态，仿佛马上就都成了神枪手,一拿到枪,就更神气十足了。

"砰砰砰……"一时间,这里的枪声响彻云霄。

转眼间,就轮到我了。我既兴奋又担心。兴奋的是,终于可以操纵真枪实弹了;担心的是,打不好怎么办?同学们会不会笑话我?我的心像只兔子似的,怦怦跳个不停。这时,我看到王教官那鼓励的眼神,顿时信心百倍。我端起枪,走上前去,枪好沉,手有些抖。我先让自己镇静了一下,然后开始瞄准,突然心一横,扣动了扳机,"砰"!放响了一枪,子弹像箭一样飞了出去,那声音快把我的耳朵震聋了。

真枪实弹地打靶,那种感觉,就一个字,爽!

一次成功的经历

鲁 昕

成功,是沧海彼岸的宝藏;成功,是巍峨巅峰的美景;成功,是心中闪亮的明灯!

——题记

"我成功了!我成功了!"兴奋的我在家中大喊大叫,又蹦又跳,爸爸妈妈在一旁也开心得眉开眼笑。要知道,这可是我第一次在省级以上刊物上发表作品……

小荷才露尖尖角

大人们都说:"读书是作文的第一步。"所以,听话的我很小的时候就开始读文学作品,等到上学后,作文果真进步很快,成为班里的佼佼者。三年级上学期,我在校刊《晨晓报》上发表了《送给妈妈的礼物》《请到小孩心中来》等习作。老师经常将我的作文当作范文在班级"评点"，而我也成了同学们崇拜的"偶像"，可把我乐坏了！

美中不足再努力

尽管近些年来，我在《晨晓报》《潜川日报》《白湖周刊》等报刊上发表了二十余篇作文，作文竞赛也频频得奖，但遗憾的是，我的文章一直没能在较大型的报刊上发表，所以我一直在努力，希望自己的文章能得到更多人的认同。

今年暑假我参加了三峡夏令营。三峡那美丽宜人的风光令我心潮澎湃，如痴如醉。回家的途中，我灵机一动，把这次经历写下来，投稿到《课外生活》上，没想到竟然发表了！

法律，犹如一道阳光

潘　璐

温暖的阳光拥抱着大地。和煦的春风里，我们穿着崭新的校服，戴着鲜艳的红领巾，排着整齐的队伍一路浩浩荡荡地向法院走去……

威严的审判大厅里，我们安静地坐在旁听席上。随着"啪"的一声法锤敲击的声音，"审判长"宣布："现在开庭，今天审理的是一起抢劫案。"……审判有序地进行着，原来案情是：宛进和乔志文两名初中生在殴打和威胁林晓锋并抢走了他8.5元人民币后，在他们回学校领取毕业证书时被同学指证，并向公安机关报案，两人于3月27日被刑事拘留，3月31日被逮捕。法庭经过二轮辩论，"审判长"宣判：由于宛进和乔志文悔罪表现好，犯罪时未成年和对法律知识知之甚少，对其减轻处罚，判处有期徒刑三年，缓刑四年。

也许有人会说，不就是区区8.5元吗？怎么会判这么重的刑？对，就是这区区8.5元，却构成了"抢劫"罪。暴力是一个危险的按钮！我们小学生应该学法、懂法、守法，养成良好的道德风尚，要学会宽容别人。"小不忍则乱大谋"，不要因为一些鸡毛蒜皮的小事而彼此发生冲突，甚至会大打出手。要记住："退一步海阔天空"，这样，暴力就会远离我们。

　　红领巾模拟法庭活动，使我懂得了学法、守法的重要性。它犹如一束法律阳光，照亮我的心房！

我是绿色小天使

刘子妍

这天,我们晨晓报社的"绿色小天使"在老师的带领下,身穿小记者服,举着队旗,带着自制的小布袋,排着整齐的队伍向菜市场进发。一路上,我们整齐的队伍吸引了不少行人驻足观看。此时,天公不作美,下着小雨,这雨点又像是地球爷爷的眼泪,在向我倾诉被"白色垃圾"污染的痛苦。我作为"绿色小天使"的代表,感觉自己肩上的担子沉甸甸的,心中暗下决心,一定要做好今天的宣传工作。

我们的队伍来到了菜市场,分小组行动。我和宋怡蒙、夏静一组,我们一边挑选自己喜欢的蔬菜,一边向摊主宣传方便袋的危害。我选了两根水灵灵的黄瓜和一棵大花菜,付了钱后,我把它们装在我带来的环保小布袋里,并向摊主介绍:"大伯,不用方便袋用布袋既能让你们节省成本，又能为环保做贡献，这不是一举两得吗？"那位摊主连连点头说："你们小朋友都知道为环保做一份贡献，我们大人更应该做出好榜样。谢谢你，小朋友。"听了摊主大伯的话，我心中可高兴了。

　　随后，我们采访了一位正在买菜的阿姨。"阿姨，您好！您知道方便袋的危害吗？""知道一些。"阿姨说。我和两个小伙伴都抢着说："方便袋虽然给我们生活带来一时的方便，但由于塑料垃圾埋在地下二百年不腐烂，给我们的环境造成很大的危害。我们建议您在下次买菜时用布袋或菜篮，好吗？"阿姨夸我们小朋友真懂事，并说下次买菜时一定不用方便袋。

　　时间过得飞快，我们这次活动很快就要结束了，我希望有更多的人加入到我们的"绿色小天使"行动中，这样"白色污染"将会逐渐消失，我们的家园会更洁净更美丽。

走进警营

何美霖

临近建军节了。今天,"阳光体育"夏令营活动的营员们到武警中队去,向武警叔叔致以节日的问候和祝福。到了武警中队,武警叔叔们以热烈的掌声欢迎我们的到来,我们也表演了丰富多彩的慰问演出。随后就是参观营地了。你瞧,叔叔们的被子叠得整整齐齐,一个个像刚切出来的正方形豆腐块。而在这背后,叔叔们花了多少心血呀!想到自己平时叠的被子总是窝窝囊囊的,现在我真是"关公照镜子——自觉脸红"了。我真应该向叔叔们学习啊!

参观完了,我们就去看精彩的单杠表演:武警叔叔在单杠上忽上忽下,忽左忽右,宛如一只神气活现的灵猴,在上下翻腾着。看完单杠表演,叔叔们又给我们表演了列队训练。当"立正"时,叔叔们像铜墙铁壁,个个虎背熊腰、精神抖擞！当"齐步走"时，叔叔们步伐整齐，连抬脚的高度都一样！从队列的侧面看去，简直就像一个人在走动！同学们的嘴都张成了"O"形，真是百炼成钢！火红的太阳炙烤着大地，汗水浸透了武警叔叔们的军装，为保卫人员的人身安全和财产安全，他们不顾炎炎烈日，刻苦地训练着。他们是最可爱的人，我们应该向他们致以崇高的敬意！

"看花容易，绣花难"。武警叔叔要训练我们队列动作！没想到这看似简单的动作，大家做得都非常乱。在叔叔们的一一纠正下，我们终于迈着整齐而统一的步伐踏上了回家的路。

河堤上，炊烟袅袅

程霏旸

迈着轻快的步伐，背着大包小包的食品、炊具，哈，我们要去野炊啦！

毒辣的太阳炙烤着大地，可是这并没有影响我们野炊的快乐心情。走呀走呀，我们终于到了目的地——环城河堤。我们由带队吴老师领着，来到了一个幽静的好地方。我看了看四周，茂密的树木挡住了刺眼的阳光，"哗啦啦"，小溪流唱着动听的歌，还不时传来鸟啼声。

大家齐努力，把台布铺好。高菁拿出酒精炉和酒精。这时，我们和蔡老师去打水了。走着走着，可是还没有看到水，便奇怪地问蔡老师："老师，哪儿有水啊？"老师指指体育场："快到了。"到了体育场，等装满了水，我们又吃力地把水提回了目的地。这让我真正体会到了水的来之不易。

哇，真快！这时，我们组的同学们已经炒好一个菜了。"快，炒第二个菜！""嗯！"只见汪钰华挽起衣袖，不知谁喊了声："大厨驾到！"我们都笑了。汪钰华从方便袋里拿出两个大鸡蛋，"啪啪"鸡蛋碎了，他连忙把蛋液倒入杯子中，再搅拌均匀，然后倒入锅中，接着他熟练地把蛋翻来翻去。蛋熟了，黄黄的，好诱人哟！汪钰华赶紧倒入西红柿，炒一会儿。一盘香喷喷的菜出现在我们的眼前。大厨不愧是大厨！……

不多时，菜全都炒好了："荷叶托莲""大鹏展翅""黄花姑娘着红袍"……一共九个菜呢！道道色香味俱全。等这些"美味佳肴"一上桌，立马被我们这些小馋鬼"一扫而空"。我们咂巴咂巴嘴，高兴地笑了……

啊，那河堤上的袅袅炊烟，那随风飘荡的快乐欢笑，是我记忆中永远抹不去的一道亮丽的风景！

"哑语"课堂

叶丁源

语文课上为什么没有老师洪亮的声音？为什么上课的时候只能听到写粉笔字的声音和回答问题的声音？你们的老师今天怎么了？你也许会问这些问题，下面就由我来给你解答。

今天早晨，我进入教室后习惯性地向黑板上看了一眼，只见黑板上写着："老师嗓子哑了，无法说话，请大家自觉背书！"哦，原来是老师的嗓子哑了。还是回到座位上自己背书吧！千万不要惹老师生气，不然老师的嗓子可就不容易好了。这样想着，我就赶紧回到座位上，拿出语文书背起课文来。不一会儿，同学们琅琅的读书声回荡在教室里。你瞧，同学们背书时的花样可真多！有的相互背，有的三个一群、五个一伙地凑在一起背……整堂早读课老师都没有操心。

今天我们学习的课文仍然是第十三课《普罗米修斯盗火》。老师想问一个问题，然而却"哑"口无言，只好拿起粉笔在黑板上写下准备提出的问题。同学们看了问题后都争先恐后地举手发言。老师指了指手举得高高的王子杰。他侃侃地说出了自己的见解，博得了大家热烈的掌声。老师向他竖起大拇指，他竟像小女孩一样不好意思地笑了。同学们都自觉遵守纪律，老师不由得露出了满意的笑容。

　　这一堂课我们是在欢乐的气氛中度过的，"哑语"课堂增进了师生间的情谊。

挖 山 芋

张馨月

秋阳暖暖地照，风儿在田野上轻轻地打着呼哨，蚱蜢在叶子上一蹦一跳，多么美好的情景呀，多么美好的乡间生活！

金秋十月，我们一家人乘车来到农村小姑奶奶家。休息片刻，我便缠着爸爸要去挖山芋。

翻过一片绿油油的长满绿草的小山坡，我们就到了目的地。大块小块的土地上长满了紫红色的心形叶，妈妈指着它们说："你看，这下面就长着山芋。"爸爸用锄头把山芋藤翻到一边，就开始挖。我也举起锄头，用力在地里挖着，然后学着爸爸的样子使劲地拖着，可锄头一点也不听使唤，我怎样拽，它都依然纹丝不动。我双手握着锄把，脚踩着凸起的泥土，拼命地拖。终于，土被翻过来了，红色的山芋露出了一点点头角。哈！我甩掉锄头，跨步过去，用双手使劲儿地刨着，哇！几个拳头般大的山芋一个连着一个窝在一起。我举起胜利品得意地炫耀着。

可挖第二个山芋就没有这么顺利了，可能是由于太用力的缘故吧，锄头竟和锄把儿分家了。看来，我只好当爸爸的助手了。每次爸爸把山芋挖出时，我就飞快地捡起，那种成就感和快乐感简直无法用言语表达。

从老家回来后，看着城市中的高楼大厦，我感慨万千，常常会想起乡村那蓝蓝的天，绿油油的山芋地……

一次合作的思考

朱维骏

"哇！天这么黑了！回家肯定要挨爸爸、妈妈骂了！""是呀！回去怎么交差呢？"我和邻居吴磊边走边寻思对策。这是怎么回事呢？

原来这是一个星期天的下午，我和吴磊在游戏机厅大玩了一场，一直到夜幕降临了才回家。我急得头上渗出豆大的汗珠。吴磊眼珠一转，出了个"鬼主意"。他对我说："我们这么办，回到家后，我们就……"听了这个"鬼主意"，我心想：这办法行吗？万一让爸妈看穿了，我们可罪加一等了！再说老师让我做个好孩子，不撒谎的！但转念一想，此时我别无选择了，只好答应跟他合作。

回家路上，准备撒谎的我心里像装了一个震动机，震得全身上下都在颤抖。

我们按原计划执行。一到家，我们故作镇定，清脆地喊上一声："爸、妈！我们回来了！"

吴磊妈妈一见我们回来了，连忙跑到我们身边，让我们左转身、右转身，嘴里还不停地问着："孩子，没有哪儿伤着吧？"吴磊说："妈，我们没事儿！"吴磊爸则严肃地问："天这么黑了，你们从哪儿来呀？！"吴磊说："学校要举行'作文竞赛'了，我们去新华书店看书去了！回家迟了点！""真的？""真的！不信，你去新华书店问问看，保证有人说：有两个小孩在这儿看了一下午书，一本都没买！"吴磊回答。"就是，就是！我们真的看了一下午书，翻看了《小学生作文大全》《获奖作文大全》《少年英雄故事》《600字限字作文》，还看了四大名著呢！"我也跟着说。"你们说的都是真的，没有一句假话？"我爸爸似乎看出了蛛丝马迹。"真的！句句都是实话！"我假装委屈地说。"好、好、好！你们无罪，行了吧？"严肃的爸爸也开起玩笑来。这时，大家都笑了，我也勉强赔着笑，脸上的肌肉生硬极了。

吃过饭，我打破常规，没有心思去欣赏那有趣刺激的动画片，而是躺在床上。看看黑黑的天花板，我陷入沉思：我为什么要这样做？为什么要骗父母？为什么要骗自己？又为什么要一错再错呢？因为我贪玩吗？因为我怕被骂吗？因为我对自己不负责……

想到这儿，我的泪水不争气地挣脱出眼眶。

我要告别这种"合作"！

防震大演习

陶 蕾

为了让全校同学增强防震意识,学校特意进行了一场防震演习。这天下午,在学校和老师们的千叮万嘱中,我们进入了"一级战备状态"。

教室里静悄悄的,同学们个个双眉紧锁,紧张地等待警报响起。幸亏只是演习,若真地震还不活活被急死了。丁老师突然说道:"陈老师,我俩也得找个地方躲躲,假如有个万一,还没人给他们上课了呢!"丁老师风趣的话逗得陈老师和我们哈哈大笑,气氛顿时缓和了下来。不一会儿,从大广播里传出了一阵阵呼叫:"地震!地震!"同学们顿时惊慌失措,迟疑了一秒后才恍然大悟,开始拼命地往桌子底下挤,我也以迅雷不及掩耳之势蹲了下来,可我个子高了一点,蹲着压根就进不去。我急中生智,一个泰山压顶盘坐在了地上。我正沾沾自喜,同桌曾佳沮丧地说:"陶蕾,我躲不进去。"我大惊失色,连忙缩成一团,好让她赶快进来。终于,我们克服了困难,成功地挤在了窄小的课桌下。我松了口气,东张西望起来。只见前方的朱璇蹲在课桌下,手里紧紧地捧着她那耀眼的红水杯,笑嘻嘻地看着周围。这是在避震,还是在地下山庄避暑啊?

过了一会儿,"紧急疏散"的通报响了,同学们一骨碌从课桌下爬起,飞速跑到门外列队站整齐后,冲向楼下。没有人跌倒,也没有人推推搡搡!每个楼道口都有家长或老师坚守着,如果真的地震的话,这些人将是多么伟大!

我们加快了步伐,奔向开阔的体育场。渐渐地,刘璐精疲力竭,快跟不上队伍了,身后的人三三两两地超"车",我赶紧拉着她继续"逃命"。终于,我们到达了目的地,停了下来,"脱险"成功,大家又忍不住谈笑风生了。

瞧,我们这古怪的防震大演习。

挖 藕

陈子婧

今天,爸爸带着表哥和我来到了乡下的藕塘挖藕。远远望去,藕塘里的荷叶几乎全都枯萎了,没想到下面却有白生生的藕呢!

爸爸和表哥开始找藕。起先,表哥乱找一通找不到,爸爸就告诉他一个秘诀:嫩荷叶下面有藕。于是,表哥就到处找嫩荷叶,而我却在藕塘边跑来跑去地瞎忙乎。

"表妹,表妹!"表哥在远处喊我,笑嘻嘻地向我招手,"快来帮我,这里好像有藕!""我来了!"我答应着准备过去,可是我的脚刚沾到塘里的淤泥时,就感觉一下陷了进去,再也不敢向前走。表哥见了哈哈大笑道:"你真是个胆小鬼。""你有本事自己挖一根藕出来呀!"我气呼呼地说。这时,表哥弯下腰,双手插进泥里。忽然,只听"啪"的一声,表哥那沾满淤泥的手终于挖出了一节断藕。也许是刚才的声音太响,惊动了爸爸。"是不是挖到藕了?""只挖到一节断藕。""别失望,"爸爸说,"我们就在浅水处挖,好挖一点,我已经挖了一个大洞,继续挖,一定能挖到藕。"

听爸爸这么一说,我也伸出雪白的小手,和他们一起挖起来。"一、二、三,一、二、三……"我们一边喊着号子,一边挖,感觉很带劲。最后,终于挖到了四五节藕,大家的脸上都露出了灿烂的笑容。

随后,我们各自洗了一节藕,快活地吃起来。不知是塘里的藕的确好吃,还是因为是自己挖到的缘故,总之,今天的藕吃起来特别甜!

争夺遥控器

周　萌

寒假的一天下午,我正在看动画片,没想到爸爸这个大忙人回来了。爸爸是个电视迷,只要遥控器落他那儿,我就别想看动画片了。果然,老爸一进屋就把遥控器从我手上抢走了。

我不甘心遥控器就这样被他抢走,我得想个办法把大权夺回来。我眼珠一转,计上心来。我坐在爸爸跟前,指着地上说:"爸爸,地上有只小虫子。"爸爸先是瞥了我一眼,然后斜视一下地上说:"小丫头,我吃过的盐比你吃的米还多,就凭你这小伎俩,想从我这里夺走遥控器?没门!"无奈,这一招宣告失败……

我见这一招不行,就跑出门外。一会儿我跑进屋子里虚张声势地喊:"爸爸,门外有人找你。"没想到这招还挺管用,我刚说完爸爸就出去了。老爸前脚刚走,我后脚就开始找遥控器了……可沙发上、椅子上都找遍了,都没有遥控器的影子。这时,爸爸回来了,哼了一声:"你这点小心眼我还不知道?你肚子里有几条蛔虫我都一清二楚!看,遥控器在我手里呢!"唉,真是狡猾啊。

我走到老爸跟前,准确地说是走到遥控器跟前装作喝水。喝完水,趁放下杯子的工夫,我以迅雷不及掩耳之势一把将遥控器夺了回来。"怎么样,还说你吃的盐比我吃的米多吗?还说我小心眼吗?"我连忙把台调到少儿频道,一看,正在播放动画片的片尾曲。

唉,白忙活了……

小小推销员

朱　婧

令我期待已久的"我当理财小行家"活动终于举行了，我一大早就穿上崭新的校服，带上准备好的一切，连蹦带跳地来到了学校。

一走进学校，就看见热闹非凡的广场上，同学们个个精神百倍地站在柜台前，乐呵呵地欢迎顾客。他们的柜台上图书、玩具、文具等应有尽有。我也迫不及待地来到柜台旁，摆好"商品"，耐心地等待顾客的光临，心里盘算着大概能赚到几元。

不一会儿，一位小弟弟来到了我的小铺子前，目光落在我的小瓷狗上。我一边向他微笑着，一边向他推荐这件商品。可他却一会儿点点头，一会儿摇摇头，搞不清是要还是不要。要不是这次活动，我才不会这么热情呢！就在我快要绝望的时候，幸运之神终于降临了。小弟弟很有礼貌地问我:"大姐姐,这个小瓷狗要几元?"我满脸堆笑地说:"不贵,不贵,只要一块五角钱!""可我现在只有一块钱,可不可以减五角?"小弟弟低声说。我只好答应了,但心里还是依依不舍的,毕竟小瓷狗也陪伴我好几年了。小朋友给了我一块钱,然后拿着小瓷狗,一蹦一跳地走了。

可接下来的时间里,我的店铺却是冷冷清清的,而我们小组的吴梦柯那里却红红火火的,都卖得差不多了!你看她的脸上露出了自豪的笑容。我却只有在旁边叹气的份儿。对了,我去上门推销,这个办法一定不错!我拿了一个圣诞老人,出发了。

我出去转了好半天,也没有找到一个买家,感到十分扫兴。咦,那位大姐姐好像很想买,我三步并两步地赶到了她的面前,说:"大姐姐,你要吗,这个可好了,能陪你睡觉,能让你放松。"我的推销词可离奇了,连我都觉得不可思议。大姐姐看看,觉得不错,就对我说:"行,三元钱能卖我就买了!"天哪!我本打算一元就卖的,但她却出了三元!我连忙说:"行行,三元。"我拿过钱,高兴得欢天喜地的。这时,我的腿和手都好酸,浑身没了力气。看来,做生意辛苦啊!

经过这一次活动,我懂得了挣钱的辛苦,以后,我再也不能大手大脚地花钱了,我要养成节俭的好习惯。

打 预 防 针

唐益祺

"丁零零——"一阵清脆的上课铃响过后,我赶紧拿出最感兴趣的科学课本,然而走进教室的却是班主任姚老师。姚老师大声地宣布:"同学们排好队,去医务室打针。"只见往日那一张张欢乐的笑脸顿时凝成了惊讶、紧张的表情,有几个胆小的女生被吓得在座位上瑟瑟发抖。

我走在队伍的最前面,不知怎的,今天的脚步格外沉重。来到医务室,看到那又细又长的针头,我不禁毛骨悚然。我在心里一遍又一遍地告诉自己:没啥可怕的,我第一个打。我要给同学们做个好榜样!开始打针了,我故意装出昂首挺胸的样子,但是我的眼睛却闭得紧紧的。后面的同学问我疼不疼?我说就像给小蚂蚁咬了一口那样。于是男生们都坚强地挺过去了,只有个别胆小的女生还是很不情愿地慢吞吞地往医生跟前走……

针总算打完了,其实打针也并不是十分可怕的事,只是以往打针都有爸爸妈妈陪着罢了。今天这堂打针课让所有的同学都学会了坚强,我也仿佛长大了许多!

我的"文明星"

袁 彦

我流泪了，不过我的泪是甜的。

这要从学校开展的"文明标兵"活动说起。

那是一个星期四的上午，班主任老师来到教室，郑重地对我们宣布："从下星期开始，学校开展'文明标兵'评选活动，只要同学们能够积极劳动、帮助同学、做老师的小帮手等，就可以有机会评上'文明标兵'，得到'文明星'。"老师刚说完，教室里就热闹起来，同学们纷纷表示，要多做好事，争取多得几颗"文明星"。

第二天，我起了个大早，一到教室，见没有同学在帮助老师，而正好自己想得一颗"文明星"，于是我便放下书包，走到讲台旁，帮老师把改好的作业本摆放得整整齐齐。不一会儿，像小山一样的作业本批改完了，老师抬起头笑着对我说了声："谢谢。"我听了，心里比吃了蜜还甜呢！

　　从那以后，我每天都是这样。一个星期过去了，我怀着期盼的心情来到了升旗场地，同学们整齐地站在那儿，都很想知道谁被评上了"文明星"，我更是等不及了。当王主任读到三（5）班时，我心里像揣了只小兔似的"突突"乱跳。"叶丁源。"王主任大声读出名单。听到不是我，我有点儿失望和难过，但想到这也许是提醒我应该更加努力，于是心里平静了许多，一如既往地积极工作。

　　两个星期过去了，三个星期过去了……我有些灰心，但还是不停地安慰自己，老师可能在考验我的耐心和毅力吧！

　　等到第六个星期，王主任再次读到三（5）班时，我还是抱着一线希望。"袁彦。"呀，真的是我！我连忙跑了上去，双手接过"文明星"的奖章，迅速将它别在胸前，那金色的"文明星"在阳光下闪闪发光，我的心里无比自豪。

　　回到家，我流泪了，这泪里全是高兴和满足。

家庭法院

徐 亮

"现在开庭审理！"随着妈妈的一声令下，我们家的法庭，首次开庭了。

妈妈是"审判长"，我是"原告"，爸爸自然是"被告"喽。审判长用锤子敲了三下桌子后，严肃地说："首先请原告陈述案情。"我恭敬地向审判长鞠了一躬："审判长，我有一个写心里话的日记本，昨天下午，被告在未经我允许的情况下，私自看了我的日记本，侵犯了我的隐私权。"我不满地看着被告。"原告请坐，接下来由被告陈述案情。"审判长说。"我根本就没看过他的日记本！"爸爸义正词严地说。"审判长，请允许我的表哥出庭作证。"我亮出了我的王牌，这下老爸蔫了。审判长继续追问："原告人的证词可信，被告，你还有什么话说？"被告狡辩道："我看日记是为了了解原告的内心世界，目的是为了原告能健康成长。因此，从作案的主观意图看，我不构成恶意伤害，也构不成犯罪！"被告开始耍滑头，幸好我早有防备，马上说："你对孩子的爱无可厚非，但是孩子也拥有隐私权，被告不能以任何理由剥夺。"审判长见被告无话可说，站起身来说："全体起立！我宣布被告赔偿原告精神损失费十元，并请原告和他的表哥吃一顿大餐。被告应吸取此次的教训，不许再犯。"

"耶！"我高兴得跳起来，和表哥拥抱在一起。

生活中的一幕

周晋如

在生活中,每天都上演着没有编剧不用彩排的戏剧。

春风徐徐吹,柳叶随风摆。就在这风和日丽的天气里,随着清脆的下课铃声的响起,我放学回家,走到站牌前,一摸口袋,发现兜里只剩下一元钱,而车费是一元五角!那五角怎么办?

我左思右想,绞尽脑汁,终于想出一个自我安慰的理由:这些公交车都是无人售票车,多投少投也没人看见。就在这时,车来了,我赶忙上了车,把钱小心翼翼地投进投币箱里,手心里直冒汗。

"喂,你少投了五角!"司机粗鲁的声音惊住了我。我抬头一看,原来投币箱是透明的,我的如意算盘落空了!

"小孩子,你没钱啊,没钱来坐什么车?赶快下车!"那粗鲁的声音使我急得快要哭出来了。我忍住泪再次抬起头，理直气壮地说："就算我少投了五角，我也投了一元啊，总不能叫我现在下车，走那么远的路回家吧！"说完心虚地低下头，两行眼泪不争气地顺着面颊流了下来。

"是啊，是啊，她已经投了一元了啊！"一位慈祥的大妈支持我。

"你就别浪费我们的时间了，接着开吧！"一位胖胖的中年汉子不客气地催促着司机。

"如果都像她那样，你少投五角，他少投五角，那我的生意还做不做？"司机没好气地说。

一位老婆婆扶着前面的椅背慢慢站起来，不紧不慢地说："不就是五角钱吗？我帮她投，别为难这小姑娘！"

老婆婆边说边蹒跚地向前走来。"不，我帮她投。"一个响亮的声音在车厢内回荡，只见是一个高中生模样的大哥哥，加快步子抢先到达投币处，把五角钱投入箱内。

我感激地望着那位大哥哥和老婆婆，向他们说了声："谢谢！"

人们都向大哥哥投去赞赏的目光，老婆婆重新坐下，司机启动了车，缓缓向前驶去，一切又恢复了原有的平静，可我的心情却久久不能平静。

事情已过去很久了，我却至今记忆犹新。我会牢牢记住大哥哥和老婆婆等人的恩情，我会以他们为榜样，及时伸出援助之手，帮助那些需要帮助的人，把爱心传递到世界的每一个角落。

桂花糕里的守望

难忘的一次家庭猜谜比赛

王欣玥

我参加过许多比赛,有卡拉OK比赛、有跑步比赛,还有书法比赛……但令我印象最深的比赛,还是那次家庭猜谜比赛。

星期天,我和爸爸妈妈在家闲着没事干。突然,爸爸眼珠一转,鬼主意出来了,爸爸高兴地说:"我们来举行家庭猜谜比赛吧!"我和妈妈拍手叫好。比赛开始,爸爸先出马。爸爸高兴地说:"我来给你们猜一难谜,'一口咬掉牛尾巴',打一个字。"我想:会是什么字呢?只见,妈妈也在埋头沉思,突然,妈妈站起来大声说:"我知道了。"我望着妈妈,爸爸好奇地问:"是什么字呀?""是午字。"爸爸一脸严肃地说:"请讲述理由。""一口咬掉牛尾巴,'牛'上面一竖去掉,不就是'午'字吗?"妈妈一本正经地说。爸爸严肃地说:

"牛的尾巴长在上面吗?"我又想了想,我的眼前浮现出"告"字,我开心地说:"是'告'字。"爸爸笑嘻嘻地说:"请讲述理由。"我说:"'牛'字去掉下面的尾巴再加上口,不就是'告'吗?"爸爸鼓起掌说:"恭喜你,答对了。"我听了,高兴得在沙发上又蹦又跳。

轮到妈妈出题了。她故作神秘状,问道:"少一斤。"我如在梦中,一点思路也没有,于是对妈妈说:"给点提示。"妈妈开心地说:"这个字是你名字中的一个字。"老爸反应快,说:"是'欣'"。我奇怪地问:"为什么?"爸爸说:"少一斤,一斤的斤加欠不就是欣?"我和妈妈点点头。"这局你老爸赢!"妈妈郑重地宣布。

接着我大显身手了,妈妈坐在沙发上,我眼珠一转,对爸妈说:"麻袋子,红帐子,里面睡个白胖子,打一种杂粮。"妈妈想来想去,爸爸低头沉思,我问:"知不知道呀?"爸妈直摇头,我开心地说:"再给你们一个提示:这是妈妈最爱吃的食物。"妈妈说:"是花生。"爸爸说:"有道理。"妈妈笑着说:"因为花生外面是麻麻的壳,中间是红皮,里面才是花生肉。"我竖起大拇指说:"恭喜你,答对了。""我们都赢了,我们是并列第一。"我们不约而同地站起来欢呼。

这次家庭猜谜比赛,让我体验到了成功的喜悦,尝到了快乐的滋味,更咀嚼到了家庭的温馨。

我们来当"商业家"

宛 韬

"商业家"素来是大人们的头衔,但今天却落在我们一群孩子身上。欲知事情来龙去脉,请接着往下看。

星期六上午八点,在城关小学大门口,我们几个队员如约而至,准备去买风筝。

进 货

我们来到绣溪园批发部,一大捆绚丽多姿的风筝锁住了我们的目光。我们凑上前,看见一位老板,于是我们表明了来意:"阿姨,我们学校组织了一次社会实践活动,我们想在您这儿购一些风筝,行吗?""没问题,两块钱一个。这里品种多的是,任你选择。"我们听了摇摇头说:"太贵了,一块五吧!"经过一番面红耳赤的讨价还价，我们终于进货成功，随后直奔目的地——公园。

揽　客

我们在公园摆好了一个摊点，准备开张。才开始，无人问津，急得我们团团转。这时"机灵鬼"夏星说："做生意哪能不吆喝？""言之有理！""表演大王"杨紫江学着古人的样子洋腔怪调地说。可是说来容易，做起来难了。由于我们在家都是掌上明珠，难免有些害羞，谁也不肯喊。我心想：这要喊，多丢人啊，小学生不学习，却去做生意，被人看了不就成了笑柄？可是，我这个小队长不带头，谁肯带头？看来只得硬着头皮上了。我低着头，声音在嗓子眼儿徘徊，听着旁边摊位主人非常卖力的吆喝声，我也鹦鹉学舌，跟着喊起来。但是，嗓子似乎与我作对，喊得不自然，声音大小又不均匀，效果不明显。于是我们又采用跟踪法，看见大人带小孩玩便上前兜售，可依然无济于事，只得改变营销策略。

促　销

一个多小时过去了，风筝才卖出去一个，大家不免有些灰心。我想：我们为何不仿效肯德基进行促销呢。我把想法提出后，同学们一致同意。我们见套圈那儿有不少小玩具，就直赴套圈店，买了十几个玩具，成为风筝的赠品。这一招真灵，生意渐渐火爆起来。一位阿姨带着一个五六岁的小孩从我们这走过，阿姨看了看准备离去，可小孩却看中了那玩具小手枪，大哭起来。阿姨心软了，只好买了下来。大概这便是"商业心理学"吧。接着两位中学生买了风筝，一位叔叔也买了风筝……一个个风筝被卖了出去，看着风筝在天上飞，我们心里也敲起了快乐的小鼓。

一上午的"商业家"生涯结束了，通过实践，我们还真学到了不少社会知识呢。

改名也疯狂

林　颖

当今班级流行什么？你可能答不上来。告诉你吧，我们六（7）班掀起了一股改名换姓潮。

老师笑眯眯地对我们说"今天大家用开火车的方式说出自己的名字"时，同学们一脸的愁容消失得无影无踪，个个像换了个人似的，容光焕发。有些同学更是欣喜若狂，像吃了兴奋剂似的。我也笑了笑，但心里却在想：说出自己的名字？好简单！同学们相继报出了自己的名字。

老师又在黑板上写出这几句话："你喜欢自己的名字吗？为什么？"陈阳阳第一个举手发言："我喜欢自己的名字，因为我的爸爸姓陈，妈妈名字里有个阳，陈阳阳这个名字，就巧妙地把我们一家三口联系在一起。"她说得真好。之后，老师又点了我的名字，我支支吾吾地说："我……我就是很喜欢自己的名字。"我这么说，是口是心非，心想：要是老天可以给我一个改名换姓的机会就好了！

我这个愿望似乎被老师听到了，老师微笑着对我们说："同学们，如果有一次让我们改名换姓的机会，你会改什么名字？代表了什么意思？"全班同学听了，立刻沸腾起来，没有一个不高兴的，脸上是兴奋加上兴奋，吵得要把教室的天花板轰下来。

我激动地拉过前排的周致璇，让她帮我想姓氏，周致璇冥思苦想，说出了几个姓氏。我读了读，没有朗朗上口的感觉，感到不满意。看着别的同学一副心满意足的表情，我急得像热锅上的蚂蚁，生怕老师下一秒就要我回答。我想了好几个，可总觉得不够好。我发现同学们的表情丰富多彩，有的抓耳挠腮，像一只猴子；有的眉头紧皱，仿佛在考虑一件大事；有的嘴角上扬，看来是想好了。

突然，我的脑海闪现灵感的火花，想出一个富有诗情画意的名字——蓝绫月。绫是一种很薄的丝织品，月就是月亮，月亮盖上了一层薄纱，朦胧间透出一种神秘感。我希望自己的生活像这个名字般美好。就是它了，我开心地写下了自己的新名字。

老师让组长收了纸条，随机抽了些名字，当老师点到"蓝绫月"时，我很腼腆地挤出几个字："蓝绫月到。"说着，不好意思地将头埋在臂弯，笑了起来。大家也陪着我一起笑了起来。之后，出现了各种奇异的名字：贾斯汀、逍遥、陈律孝阳、左木辛君、淡泊宁静、露西·baby兔……乐得我们前仰后合，开怀大笑。

改名也疯狂，但令我们真正开心的不是名字的有趣，而是每个人得到了自己喜欢的名字，实现了自己梦一般的小愿望。

暑假趣事

夏哲辉

光阴似箭,日月如梭,一个愉快而又充实的暑假转眼就过去了。可是,那些令我们难忘的趣事却依然在我的脑海里一一迭现。

又是晴朗的一天。我、妈妈、哥哥和小姨一起来到陈庄打枣子。

我们来到陈庄,只见每棵枣树上都挂着一个个鲜红透亮的枣子。我看了很是嘴馋,便自告奋勇拿一根竹竿上树打枣子,妈妈答应了。看,那位在树杈上站着的小男孩,其实他就是我。别看我平时文质彬彬的,可是很机灵的呢!"看我的——呀嘿!"我用力地把竹竿向前一打,可枣子就像一个个顽皮的孩子,就是不掉下来。妈妈说:"你啊,不行就下来!"听了这句话,我不乐意了。哼,看我怎么治你这些"小顽皮"!我把棍子在树上先一揽,有几个枣子寡不敌众，掉了下来。开业大吉！再来，我搅，我搅，我搅搅搅！一个个鲜红透亮的枣子便乘着降落伞落到了地上。"哈哈，我很厉害吧！哎呀！"说话间，我的屁股一滑，差点摔了下去。哥哥笑着说："看你那滑稽样，跟那马戏团小丑似的！""你……""哈哈……"笑声在陈庄回荡着。

　　暑假趣事恰似海边贝壳五彩缤纷，宛如夜晚繁星璀璨炫目。

智当"小水工"

李 琢

春节前夕,我们这里下了一场罕见的大雪。我们居住的小区有许多家自来水管被冻住,影响了正常的生活,我家也不例外。

正月初七下午,爸爸和妈妈上班去了。我一个人在家,当"小水工"的念头便在脑子里产生了。我迅速地拿起水壶接满水,放在电磁炉上烧了起来,然后下楼一层一层地查找是哪里的自来水管道出了问题。"水管都埋在墙里,从哪下手呢?"我抓耳挠腮,小声嘀咕着。当走到二楼的平台时,我眼前一亮,只见一排水管裸露在地面上,大约有一米多长。我高兴极了,大声叫道:"一定是这节水管冻住了!"我迅速跑回家,见水已经烧开了,便拔掉电磁炉的插头,拎起水壶,小心翼翼地来到二楼的平台上。"哎呀,这五根水管,哪一根是我家的呢?"我犹豫不决，不敢轻易下手。要知道现在的水对我家来说是多么珍贵啊！这几天，我家是"惜水如金"呢！我放下水壶，仔细地琢磨着：这最上面的一根水管通往二楼，那第二根应该就是三楼……依次类推，我家是最高一层，那应该就是最下面的这根水管了。我担心推测有误，又再三揣摩，觉得上述分析肯定正确。于是，我再一次拎起水壶，将壶里的热水慢慢地浇在最下面的水管上。可是热水浇上去，马上就流走了，热量不能停留在水管上。我想了想，急忙跑回家拿来毛巾，用毛巾一层一层地盖住水管，然后再往毛巾上浇热水，这样热量散失的速度就慢了。就这样凉了又浇，浇了又凉，我来来回回地折腾了二十多分钟，壶里的水也用完了。不知家里的水管通了没有？我提着水壶满怀希望地回到家，一进门，就听见水龙头发出了"哗哗"的流水声。"哇！水管通了！"我激动地拥抱着玩具大狗熊又蹦又跳。

"叮当，叮当……"一阵清脆的门铃声把我从"大狗熊"的怀抱里拉了出来。我打开门一看，是妈妈，便上前一把抱住了她，兴奋地说："妈妈，我……我把水管修好了，来水了！"妈妈半信半疑地拧了一下水龙头，看着水"哗哗"地流出来，激动得一下子抱起了我，夸我是个聪明的"小水工"。

对"胖"说"拜拜"

缪 锐

"嘿,小胖。几天不见,你又长胖了哟!"早晨一到校,同桌就嬉皮笑脸地和我来个热情拥抱。得了,我这个"光荣"称号已经被人在嘴上不知挂了多少回了。这如此"庞大"的体形让我一次次被人嘲笑。

我妈说:"你呀,自小长大就从没有跌过一次膘。"我的铁哥们儿汪鑫说:"你真是我们班体积最大、海拔最高、占地面积最大的一位!"是啊,要不是我的身高和体形的比例比较平均,我就是一座又矮又胖的"肉山"了!

因为胖,我得到许许多多的"美称"。刚开始进入小学时,同学们见我胖,便叫我"企鹅先生";待到三年级,大家推举出四个小天鹅——四个比较重的人,我很荣幸地位列榜首,成为我们班第一队四小天鹅队长,从此,我的称谓又变成了"天鹅队长";再后来,步入高年级,我们逐渐地接受了一些新词儿，而我的新称号，什么"珠穆朗玛峰""小巨人""憨豆先生"等等，如滔滔江水一般滚滚而来！

从此，我便对"胖"这个字产生了一种莫名其妙的厌恶感。于是，我开始减肥了。我尝试着不去碰那些最爱的零食，并积极做运动，我每天做得大汗淋漓，气喘吁吁，还得注意只吃那些卡路里低的食物（这是我在网上查的新词噢，卡路里就是热量）……可是，半年下来，减肥不但没有成功，体重反而成倍地上涨。

但是，我的意志依然坚定，我已经下定决心了，要通过游泳将这个啤酒桶腰上突起的部分给它消除下来，让它永不反弹！希望这一次，我能彻底告别"胖"的烦恼，跟它说"拜拜"……

我为蚕狂

柏 檩

四月下旬,桑树吐绿抽叶了,我家的蚕卵也变成了幼虫。刚开始它们黑黑的,比蚂蚁还小,妈妈说那叫蚁蚕。

看着蚁蚕爬来爬去在找吃的,而家中的桑叶已经被它们吃光,我心急如焚。爸爸看我急成这样,急忙带我去找桑叶。我们在小区的草坪上找到一株很矮的桑树,随手摘了几片嫩叶带回家。看到蚕儿们有吃的了,我悬着的心终于放下了。爸爸为了蚕,更为了我,每天上班前或晚上下班后,苦苦地找寻桑叶,他有几次在附近小区里东张西望的时候,差点被保安当成小偷。吃着老爸辛苦采来的桑叶,我的蚕儿一天天长大了。

今天放学时下雨了,因为没带伞,我和妈妈被淋成了"落汤鸡"。进了家门,我顾不上换衣服就来到蚕盒跟前。只见蚕儿们正在吃得只剩下叶脉的桑叶上爬来爬去,不时仰起小脑袋，好像在对我说："小主人，快给我们点吃的吧，我们饿极了。"怎么办呢？我望望窗外，天已经黑了，雨也越下越大。对了，爸爸说三号楼底下有一株桑树，说不定可以摘到些桑叶。

我和妈妈打着伞，拿着手电筒，深一脚浅一脚地赶到那里。我用手电筒一照，呀！桑树已经被物业砍了！妈妈拍了拍我的肩膀，安慰我说："檩檩，听你爸爸说，二中里面还有好几株呢，我们过去看看吧，说不定能解燃眉之急呢。"

在二中的校园里，我和妈妈找到了那几株桑树。树虽小，叶子却很多、很嫩。我高兴极了，连忙捋了几把塞进怀里。怀揣着这些"救命叶"，我和妈妈飞快地冲回家。回到家，我从怀里掏出新鲜的、带着体温的桑叶放入蚕盒。看着蚕宝宝津津有味地吃着桑叶，听着细微的"沙沙"声，我舒了一口气。

我搂着浑身湿透的妈妈，感激地说："谢谢我的好妈妈！"妈妈用手捏我的鼻子，心疼地说："蚕是你的宝贝，你是我的宝贝，这一切都是为了宝贝呀！"

时 尚 外 婆

夏侯江雪

外婆今年六十多岁了,她穿着朴素,满口方言,原本是一个跟时尚不相干的人。我小时候,外婆会时不时地到我家来住上几天。那时,她连电冰箱和洗衣机都不会用,甚至连液化气灶都不知怎么打开,我经常笑外婆老土。

后来,外婆搬到离我们家不远的一个小镇上,平常除了看看电视,打打纸牌,就是捧一壶茶,搬一把小竹椅,坐到门口梨树边晒晒太阳,聊聊天……印象中,这似乎就是外婆的幸福晚年了。

突然有一天,外婆冒出这么一句话:"我还不老,应该有自己新的生活。"就这样,外婆添置了电冰箱、洗衣机、太阳能热水器。前年春节,她还买了一部手机,并特意赶到我家来,"缠"了我好几天,硬是让我教会她怎么使用后才满意地回去。去年,舅舅又给她买了一台电脑,并连接了互联网。从此，外婆便戴上老花镜，坐在电脑前，成为中国亿万网民中的一员……

那一天，我和妈妈打算去看望外婆，妈妈让我先告诉外婆一声。我立即拨通了外婆的手机："外婆，我和妈妈上午去看您，午饭前赶到。"

"好的，好的，我等你们一起吃饭……王奶奶，您又去打麻将啊？"外婆大声地说。我正纳闷，忽然明白过来，原来外婆是在同别人打招呼，想必她正在街上一边散步一边打电话哩。

到了外婆家，我以为外婆肯定在做饭，但令我意想不到的是，她老人家正坐在电脑前玩扑克游戏呢。只见外婆紧盯着电脑屏幕，熟练地操纵着鼠标。妈妈示意我别吱声，偷偷地站在外婆身后观看。直到一局结束后，外婆才注意到我们来了。她连忙站起来夸张地说："哟，大小千金到了，快坐快坐！饭早做好了，就等你们来！"

"外婆，您什么时候学会在电脑上玩游戏的呀？"饭后，我笑着问外婆。外婆得意地说："现在科技发达了嘛，我们老年人就不能时尚时尚吗？告诉你，我还会在QQ农场里种菜呢！""是吗？"我半开玩笑地说，"那您加我的QQ号吧！""好呀，把你表弟的QQ号也给我吧。"我把自己的、表弟的以及爸爸妈妈的QQ号都告诉了外婆，并且还教会了外婆怎样视频聊天。

现在，外婆除了忙家务，最大的乐趣就是上网。她不仅在网上听音乐、打牌，还经常同远在南京的舅舅视频聊天呢。

我常想，如果不是我们今天生活日新月异的变化，像外婆这样的普通老年人，怎么会变得如此时尚呢？

方块字里看恩师

徐逸凡

周老师是我的书法老师,已年过半百。虽然他那双小眼睛总是笑眯眯的,可他的教学风格却截然相反,严谨根本不足以形容老师对我们的要求。

上课的时候,老师总是循例先给我们讲一些书法知识,接着让我们临摹字帖,然后老师就当起了"巡警",扫视着每个同学。谁的字要是写得难看、结构错误,准能被老师揪出来。

有一次我正在认真地练字,周老师走到我身边,在旁边静静地观察着。忽然,老师指了指我写的"上"字,说:"你看,这个字上面的一短横是右尖横,你把它写成了左尖横了。还有,你这个笔顺也不对,书法上的'上'字是先写下面一横,再写一竖和一横的,和语文书上教的不一样。都说过好几次了,你还这么写?以后要记得!"

我不好意思地吐了吐舌头。

周老师不仅要求大家认真练字，对自己的要求更严格。有一次周老师改动了上课的时间，一个同学忘记了，迟到了一堂课。下课后，那位同学收拾好东西准备回家了，周老师突然"空降"在他眼前，截住了他的去路，硬"缠"着给他开"小灶"，补回了上一堂课的内容。

幽默也是周老师的一大特点，他可不是只懂教书的"老顽固"。还记得老师在讲解草书中的"逸"字时说："'逸'就像一只小兔子卧在半圆形（草书中'逸'的走之旁是半圆形）的窝边睡觉，比如我们班徐逸凡同学就像一只兔子正在半圆形的窝边睡觉，非常的安逸。"惹得全班哈哈大笑，同学们在笑声中牢牢掌握了周老师所教的知识。

为了培养我们的兴趣，老师除了讲笑话，还不时地化身为历史老师、考古专家和古汉语老师。教我们古代的碑帖、字帖时，老师嘴里的历史故事说也说不完；教我们古汉字的写法时，老师可以从甲骨文一直讲到行书；教我们汉字的演变过程时，周老师更是神奇，任何字在古汉语里的意思，老师都知道，如"止"在甲骨文中是"脚"的意思，"停止"是它的引申义。

周老师有着一副古铜色的脸庞，只要一想起他对我们近乎苛刻的要求，我就能想起那花白的双鬓，还有老师渊博的知识，似乎都隐藏在额头上那两道深深的皱纹中。常言说"字如其人"，周老师是教我写字的先生，更是育我成才的长者。

游 枫 桥

周宗源

"月落乌啼霜满天，江枫渔火对愁眠。姑苏城外寒山寺，夜半钟声到客船。"诗中描写的枫桥景色多美啊！国庆节期间，爸爸带我去那里游览，我别提有多高兴了。

枫桥位于苏州城的西郊。在枫桥风景区里，除了有枫桥之外，还有古运河、铁岭古关、枫桥古镇等历史遗迹。我们在导游小姐的带领下一路欣赏着这美丽的景色。看，晴朗的天空中飘着几朵白云，远处的仿古建筑掩映在绿树丛中，近处的石拱桥、古运河，以及古运河中来往的船舶构成了一幅美丽的图画。沉醉其中，我好像回到了古代。在枫桥夜泊处，有一座张继铜像，铜像右边立了一块石碑，上面刻着张继的诗，它们好像在向人们讲述着那古老的故事。人们都争相在张继铜像前拍照，留作纪念。

河对岸就是著名的寒山寺了。寒山寺坐东朝西。古代寺庙门一般都是朝南的，寒山寺寺门为什么朝西呢？听了导游的介绍，我才知道，原来，寺西边有一条河，寺庙门朝西，一是为了方便发生火灾时，取水救火；二是为了方便香客乘船到寒山寺里烧香拜佛。我觉得古代建庙人想得真周到啊！

这次旅行十分有意义，不仅让我看到了苏州的美，还让我学到了很多知识。

晒晒十二岁

姚致远

时光过得飞快,转眼间我已经十二岁了。十二岁意味着什么呢?意味着和童年、和小学说"拜拜"。

爸爸的十二岁

1983年的五年级毕业教室门前,站着一个灰头土脸的小子,他的褂子上泥迹斑斑,裤管上撕开了一道大口子,他不是别人,正是十二岁时的爸爸。这时,老师从教室里走出来,气鼓鼓地说:"你看你,像什么样子,哪个毕业班的学生像你这样贪玩!你快回去上课,下次再上树掏鸟窝,我决不饶你!"

"当当当",放学铃响了,爸爸拎起书包,"嗖"地一下就没了影。一回到家,爸爸把书包往桌子上一扔,便拿着弹弓跑到门外打麻雀。我在后面大声喊:"唉,你不做作业啦?"可他像聋了似的,专心致志地瞄准树上一只翅膀乱扑的小鸟,我赶紧大叫:"住手!小鸟是人类的朋友,不准打鸟!"说话间,他已经把子弹打了出去,小鸟应声掉了下来,他连忙捡起,兴奋不已地说:"有肉吃喽!"接着,他又打下了几只鸟,准备离开。

我心想,现在他该回家做作业了吧。可他又拖着几个同学往小河边跑去,我跟在后面追:"喂,你到底做不做作业呀?""作业?不急!"说完,他"扑通"一声跳进了河里,我吓得大叫起来:"哎!在河里游泳很危险!快上来!"他从水里冒出来,冲我挥挥手,说:"放心,我水性好得很。水里可凉快了,不信,你也下来试试。"得了吧!学校天天进行"预防溺水"教育,我可不敢违反呀!

妈妈的十二岁

第二天,一个扎辫子的小女孩站在爸爸的课桌边让他交作业。哦,原来她就是十二岁时的妈妈,看来她是班上的小干部。"你交不交?""不交!""不交我告诉老师去。"妈妈朝教室门外走去。爸爸急了,揪住妈妈的辫子不让她走。妈妈一挣,爸爸一下子把妈妈辫子上的绸带扯坏了。爸爸吓得把绸带往地上一扔,溜之大吉。妈妈拾起被扯坏的绸带，哭了起来。

唉，妈妈，你也太娇气了吧？不就是一根小小的绸带吗，值得你掉"金豆豆"吗？其他的女同学都围拢过来安慰妈妈，我看到她们的发梢上都是光秃秃的，这才知道，绸带在当时是一种奢侈品。

我的十二岁

我坐在电脑前打游戏，"滴滴滴"，班级QQ群发来信息，要我们班为"六·一"文艺演出做准备。我作为合唱团的领唱，要准备红蝴蝶领结、白衬衫、背带西装短裤、白皮鞋。妈妈一看，马上开着车带我在全城搜索，光是白衬衫就买了两件，面料质地不同。妈妈说哪件舞台效果好就穿哪件。裤子和鞋子都是在儿童专卖店买的，不仅做工讲究，穿着也很舒服。就差红色领结了，可跑遍全城也没买到，怎么办呢？我着急起来，妈妈倒不慌不忙，说："回家去网上淘。"我半信半疑，妈妈胸有成竹地说："网上应有尽有，肯定能买到。"果然，电脑上随便一搜就搜到一大堆，我选中一个，妈妈用支付宝付了款，连运费一起才用了十五元钱。第二天，快递公司的叔叔就把网上买的领结送到了我家楼下。

不老的歌谣

瞧！台上那个穿着白衬衫，打着红蝴蝶领结领唱的小男孩，不用说你也知道，那就是我。雪白的舞台灯光照亮了我身后每一个挺立在台上的男孩女孩：十二岁时的爸爸、十二岁时的妈妈、江草儿、贺兰、赵秋禾……《多味毕业班》中的小伙伴和十二岁的我们在林萍老师的指挥下一齐唱起那首不老的歌谣：

我们是一群振翅的小鸟，飞呀，飞呀，我们……飞！

小 狗 醉 酒

李浩然

星期天，我和爸爸、妈妈一家三口到外婆家，中午，外婆做了我最爱吃的红烧排骨，爸爸拿了一瓶酒，独自美滋滋地喝着。外婆家有一只小狗，它也没有闲着，也赶来凑热闹，它闻着香喷喷的排骨，馋得直流口水，眼睛睁得大大的盯着桌上的美食不放，身体直接立了起来。爸爸拍了拍小狗的脑袋说："你也想喝点儿？"

我突然灵机一动，是呀！"小狗醉酒"会是什么样呢！我还没见过呢，今天，一定要试一试。于是，我悄悄地在排骨上洒了不少酒，喂给小狗吃。小狗不知是计，一口咬了下去，咬住后感觉气味不对，它的小眼珠碌碌一转，明显是怀疑我了。犹豫了半天，小狗最终还是舍不得到嘴的美食，吃了下去。它好像是吃上瘾了，竟然把地上的排骨一扫而光。

看着小狗津津有味地吃着，我暗自高兴，马上就有好戏看了。

果不出所料，不一会儿，酒力发作了，小狗左摇右晃，走起了武林失传已久的"迷踪步"，活像一个酒鬼。我和妈妈不约而同地大笑起来，真滑稽！最后，小狗可能因为太兴奋了，一直追着院子里的小鸡不放。小鸡吓得四处逃窜。终于，小狗因酒力不支倒在窝里睡着了。

也许是吃得太多，渴了，小狗从窝里出来找水喝，由于脚步不稳，头又迷糊，竟然一头栽倒在了水盆里。变成了一只名副其实的落汤狗。我听见声音，急忙跑过去，把它从水盆里捞了出来，然后又用吹风机把它吹干。这一折腾，它好像逐渐清醒了，睁着大眼睛左看右看。但没过多会儿，它又回窝里继续睡觉去了。

醉酒的小狗是不是很有趣呀？可是，看着它失去控制力，倒在水盆里的那瞬间，我的心里有种说不出的感觉，要不是我及时发现，恐怕它就被淹死了。那该有多可怕！

桂花糕里的守望

熊旻昊

爷爷有个桂花园,很大、很美、很香。我每逢八月,都会来爷爷家小住一段时间,爷爷喜欢下棋,我便常与他在桂花树下吃糕喝茶,执子下棋。

记得有一次,爷爷与他的好友在桂园中的石桌旁目不转睛地盯着棋盘,额头上的"川"字若隐若现。眼看一盘棋临近尾声,我盯着棋盘,手在那比画着,忽地灵光一现,说道:"这样走就赢啦!"两人一看,顿时恍然大悟。爷爷送走好友抱起我,说道:"你小子棋艺进步很大嘛!奖励你桂花糕吃。"我一听便来了兴致,急忙跑到里屋去,嚷着爷爷给我桂花糕吃。

爷爷挪着他那不方便的腿,慢慢地来到他的卧室,打开那个早已掉了漆,并且木条翘起布满灰尘的柜子,然后拿出了一个铁盒子,拍了拍上面的灰尘,一打开铁盒,那清幽的花香便弥漫开来，只见里面躺着许多黄白相间的花糕。我顿时垂涎欲滴，爷爷见我这馋样，笑道："你这小子就知道吃。"我嘻嘻笑了。

和爷爷来到桂园，边下棋边吃花糕。拈一块花糕入口，软软的，那冰凉的果酱瞬间绽放了，香气溢满口腔，仿佛摆脱了那炎热的暑期，金黄的阳光下，金色的花香，金黄色的花糕，一如我金黄灿烂的心情。

不久，便到离别的日子了，临走之前爷爷又送给了我许多桂花糕和新鲜的桂花，并问我什么时候再回来啊，面对这个问题，我顿时语塞，但我无意间发现，爷爷头发已经全白了，他那苍老的手上青筋凸起，手上皱纹也那么多，如同山坳里挖出来的老树根，很难想象那竟是一双能够将桂花糕做得十分精致的手。

自从上次看到他那副样貌后，我便发现，每次我们回老家时，都能在快到家时看到一个苍老的面容，一张沉默而朴实的脸。脸颊精瘦，凹凸的颧骨凹陷的眼睛，胡子刮得剩下一抹极浅的阴影，不停在那踱步，不时踮起脚尖眺望。然而，一看到我们，便会露出灿烂的笑容，那颗悬着的心也仿佛有了着落。那个人原来就是爷爷。

去年我一如既往地来看望爷爷，而这次没有桂树，没有象棋，只有一张白得刺眼的病床。医院里一股刺鼻的味道扑面而来，我很快便找到了爷爷的病床，他一见到我，便又像往常一样，那副苍老的面容上绽放了一朵花，他那双长满老茧的粗糙得像橘皮一样的手，又颤巍巍地拿出了那个铁盒，里面依旧是那些金黄的花糕。我拿了一块，只见他一副心满意足的样子，我拿给他一块，他先是说不吃，直到我硬塞给他，他才接了。望着我快活地吃着，他仿佛笑得更灿烂了。

现在回想，长辈们并不要求我给他们多大的回报，只要我们能够感到满足和幸福，再加上我们对于他们的一点点孝顺就足够了，正如《常回家看看》这首歌唱的："老人不图儿女为家做多大贡献呀，一辈子不容易就图个团团圆圆。"

爷爷守望的是一份爱，希望我们能够感受到他对我们的爱，而他的那份守望就在那一块块桂花糕里。

留在老街的记忆

幸福在这里

严嘉琪

忙碌的学习压得人实在喘不过气。偶然抬头,窗外那车水马龙的街道、湛蓝悠远的天空,不禁让我回想起今年春节前夕回老家的情景……

老屋在老家的那条深巷中,比邻的旧屋错落有致。我家的老屋和别处的老屋一样,也是灰蒙蒙的墙,也是崎岖不平的地,但它却记录着我幼时在这儿度过的美好时光。

老屋,在冬夜里驱寒,靠的是炉灶里默默无言的柴火。刻着几十年风霜印记的石梯,通向二楼,楼上则是外公的盆景世界。

我最喜欢、最留恋的是书桌旁的那扇窗户,它正对着我的小床,真是棒极了!我喜欢躺在小床上,凝视着窗外黑丝绒般的天空,数着缀在天幕上的星星,对它们悄悄低语……早晨一睁开眼,就看到湛蓝透明的天空,那么清亮，那么悠远……偶尔，几只麻雀的身影在窗上晃动，叽叽喳喳，叽叽喳喳，就像一幅优美的风景画。

每当雨神、风神、雷公电母发神威的时候，大人们便不得不伴着雨豆敲击瓦片的声音、狂风拉扯门窗的声音以及自己心跳的声音，忙个不停，我和外公外婆一样也累得气喘吁吁。唯一沮丧的是，外公搬走了我的小床，一时间，我就不能躺在床上眺望风景，剩下的乐趣便只能是和几个小孩子静静地观察窗旁溅起的朵朵雨花……

夜晚，大人们在老屋的院子里谈心，小孩子成群结队地捕捉昆虫。在月光下，听阿姨们讲美妙的神话故事，感觉是一种享受……多么温馨的情景啊！

老屋虽然破旧，但是那里有情、有境、有心，那里有厚道的乡亲和朴实的伙伴们。虽然我到城里上学了，但那幅美好、温馨的乡村画卷，将永远保留在我的记忆中，点点滴滴，永不模糊。啊，幸福在哪里？幸福在这里！

"盲人"体验

夏 青

或许你们认为盲人的世界枯燥无味,但细细地去体会,相信你同样能领略到盲人世界的奇妙……

蒙上眼罩,拿起了拐杖——这就是我这一天的装扮。我糊里糊涂地摸出了家门,蒙上的眼睛感觉到的是一片漆黑,真有些不适应。我一手扶着栏杆,一手拄着拐杖,小心翼翼地下着楼梯,每一个台阶都令人胆战心惊。下完了楼梯我已经是汗流浃背了。真没想到,我堂堂天不怕地不怕的夏青竟然被这楼梯折腾得满身大汗。

走在大街上,我什么也看不见,只有那喧闹的声音一直在我耳畔回响。我走得十分缓慢,像慢吞吞的乌龟一样,以前健步如飞的我与现在相比,那真是天壤之别!我的心像揣了只小兔子似的,"怦怦"直跳,一会儿怕撞到墙上,一会儿又担心摔倒,不知不觉我已经在街上走了很长时间了。我真想找个地方坐下来，可是因为看不见，瞎摸了半天都没摸到可坐的地方，整个世界在我眼前就是一片漆黑。我一不小心竟跌了个"四脚朝天"，顿时，只感觉全身酸痛，不争气的眼泪像断了线的珠子"哗哗"地流了下来，我变得那样无助，多希望此时有人能助我一臂之力呀！

回到家，我什么事都不能干，不能写作业，不能看电视，不能玩电脑，不能干家务……我像个木头人儿呆呆地坐着。索性，我躺在床上，闭上了眼睛，开始回味"黑"。不知怎么的，在我的眼前忽然浮现出一幅幅画面。我看到了美丽的湖光山色，那湖水清澈见底，荡漾着碧波。那连绵不绝的青山映衬着湛蓝的天空，天空飘浮着朵朵白云，蓝天、青山、湖水、云朵就像不用墨线勾勒的中国画一样……

一转眼，已经是夜幕降临了，我结束了一天的"盲人"生活，尝尽了酸甜苦辣，我深深地感受到了盲人的喜与愁。他们也有着自己的梦想、自己的追求、自己的渴望。他们虽然看不见，但在他们的心灵深处有着属于自己的那片蓝天，他们更需要关爱！

爱·回报

王 璐

爱,总在生活中不知不觉地流露。它是一杯白开水,虽然平淡无味,但却回味无穷;它更是一束茉莉,在生活的角落开放,袅袅地钻入人们的心脾……

一天,我在家里认真地看书,母亲在一旁收拾着那岁月留下的记忆。不知是什么时候,母亲唠唠叨叨地说:"璐璐,你看,这是你两岁时生病的照片,当时你还不会说话。你看你那蜡黄的小脸多憔悴,我和你爸换了好几家医院才医好了你呢!现在回想起来,那时焦急的心情,真是恍如昨日啊!"

"还有这张,那是我和你爸结婚时的照片。你看,我们手挽着手,你爸还把我抱了起来呢!"

……

可随之,母亲又叹息起来:"这些只能是我那时的回忆了,要是能将过去的时光留住就好了。"

我猛然一回想,父母为我们付出他们的美好青春,而我们又该怎样报答他们呢?对了,可以帮父母留住那难忘的回忆呀!

我激动地将这些照片轻轻地捧了过来,看着这些照片,我的眼睛湿润了。这一张张照片记录着父母那一段段难忘的时光,我要用一张张彩纸制作出一个个爱心相框献给父母,让他们明白,倾心的付出一定会得到回报的。我细心地制作着,就像制作着爱心一样……

我再一次捧着这些精美的相片,正是有了这个"爱心相框"的衬托,使它的含义更深了一层。岁月的流逝不能挽回,但岁月的记忆是可以留住的,我们一定要懂得感恩。

爱要懂得付出,被爱的人,更要懂得回报。

牵 挂

张馨月

小时候，经常依偎在妈妈的怀里，问她最喜欢什么。她并没有说什么，只是笑笑，然后抚摸着我的头发。我也常常问外婆相同的问题，外婆也只是笑笑，抬头望着窗外。在儿时的我看来，她们的笑容那么令人捉摸不透，神秘莫测。

时光在不知不觉中溜走，我一天一天地成长，外婆的脸上布满了皱纹，而妈妈陪在外婆身边的时间也越来越多了。每个星期日她都会和姨妈们约好，一起去外婆家。看到儿孙满堂，已年近七旬的外婆乐开了怀。

那次，妈妈要去外地出差，好几天才回来。临上车前，外婆还不时地叮嘱妈妈要早点回来，之后的几天里，外婆每天都盯着日历。每次接到妈妈的电话，外婆都忍不住对妈妈说："早些回来，我惦记你。"这时，我发现，在母亲的眼里，孩子永远是孩子。看得出来，那几天，外婆对电话铃声特别敏感，是不是妈妈的电话，一看外婆的表情就知道。虽然每次她们只说几句话，但是，外婆的言语里满是对妈妈的记挂，那几句朴实的话盛满了母亲对孩子深深的爱。

这就是牵挂，无须说太多话，无须流太多泪，无须写太多信，默默地等候，轻轻地叮嘱，甚至一个眼神，便让心聚拢到了一起。

前段时间，外婆生病住院了，这可把妈妈急坏了，专门请假陪伴外婆，在医院里忙进忙出，等外婆病情好转了，才继续工作。即便是这样，妈妈每天下班后的第一件事就是去看外婆。

我问妈妈："妈妈，你刚刚下班，就直奔医院去看望外婆，为什么不先休息一下再去呢？这样下去，你会累垮的。"妈妈爱抚地摸摸我的头："下班后就看到外婆，这样我才放心呀！"看着妈妈的目光，我懂了，那里写满了牵挂！

外婆康复了。一天妈妈梳头时，我无意中发现，妈妈乌黑的头发中，掺杂了几根白发！也许，那就是对牵挂最好的诠释。

牵挂，如雨丝般轻盈飘逸；牵挂，如泪水般晶莹纯洁。牵挂——世上最神圣的感情啊，你是人类心底最原始的期盼，充溢在每个人的心里。

享受幸福

卢 宁

　　幸福其实就在我们身边。让我们去品尝几道幸福"佳肴"，享受幸福吧！

　　第一道，"水煮大虾"。在家中，妈妈的唠叨就是幸福，每天早晨妈妈总会不厌其烦地说："一定要把红领巾戴着。队旗别忘了带上。上课一定认真听，不懂就问。下课好好玩，上课别开小差……"妈妈这一讲就是一大串，我无可奈何地说："妈妈，我都知道了，这段话，你已经讲了N遍了！"每次下雨前，妈妈总是叮嘱我："要记得带伞，慢慢走，别滑倒了。衣服要多穿点，别冻着了。在没水的地方走，要不鞋会湿的。"我的耳朵都快听起了茧。虽然很烦，但我从中嗅出了幸福的味道。这唠叨就好比是水煮大虾的壳，剥开壳，里面流溢出鲜美嫩滑的味道，令人回味无穷。这就是"水煮大虾"带来的幸福，让我感受到亲情的弥足珍贵。

  第二道，"休闲甜点"。寒假中，爸爸妈妈都出去工作，家里只留下我一个人"大闹天宫"。早晨，可以随心所欲地享受美梦的香甜。我一会儿听听音乐，沉浸在音乐的海洋中，张栋梁的《北极星的眼泪》此起彼伏，升腾跌宕，一个个跳动的音符在房间里升腾、旋转，我似乎也变成了一个个音符。我又打开了电视，电视正播放着我百看不厌的电视剧《我爱饭米粒》，那一句句逗笑的语言，那一个个滑稽的动作，那一幕幕扣人心弦的情节，惹得我捧腹大笑，紧张的生活一下子得到了释放。看了一会儿，我打开电脑和同学们尽情地聊天，再抓一把瓜子，边嗑瓜子边聊天，这真是惬意啊！无忧无虑，这就是"休闲甜点"带来的幸福，让我享受到快乐的幸福。

  第三道，"水果拼盘"。在家中，妈妈做完饭菜，额头有汗水，爸爸看见了，用手帕轻轻擦拭妈妈的汗水，这是幸福；在学校，我发烧了，同学们都关切地照顾我，这是幸福；在公共汽车上，我因为晕车而感到不舒服，一位阿姨看到了，主动让座，这是幸福；在小区，在路上，在朋友家，处处都有幸福，这些幸福拼成了一盘"水果拼盘"，让人心情舒畅，惬意绵绵。

  幸福就是阳春三月的阳光，温暖人心。在不经意间，在角角落落，处处见证着幸福的影子。让我们用心去享受幸福吧！

烦恼三味瓶

蔡一然

"童年一去不复返,烦恼降临多又多!"我唉声叹气地说出了这句话。成长中的烦恼令人闷闷不乐,犹如装着酸、苦、辣三味的瓶子……

学习压力似小山

进入了小升初的六年级学习阶段,我的学习节奏越来越快,辅导资料越来越多,令我愁眉不展。《教材1+1》《教材全解》《状元成才路》。一望无际的"题海"、一连串的阿拉伯数字展现在我的面前。我被小山似的辅导资料压得喘不过气。唉!可若是不做成绩又怎能提高呢?真是"学海"无边呀!

姐姐的特殊"优待"

"你是姐姐应该让着弟弟！"每次听到妈妈说这句话，我就气不打一处来！凭什么我得让着弟弟，难道他做的事不对也该让着他吗？凭什么我的一件物品只要他开口要我就必须给他？凭什么他能够瓜分我的爱？难道就因为我是姐姐吗？不公平！我再也不要"享受"姐姐的特殊"优待"了！

考试分分是命根

俗话说"考考考，老师的法宝；分分分，学生的命根"！的确如此。考得好，自然是一切问题都迎刃而解了。若是考得差，准是受到老妈密集的"机关枪子弹"倾泻，丝毫不给你喘气的机会。分数则是罪魁祸首。如今，只要听到"考试"这两个字，刚刚热闹起来的班级立刻会变得冷清，都会"Oh，my gad（我的天）"的一声，真是考试分分是命根呀！

成长的烦恼数都数不清，烦恼瓶中的酸、苦、辣尝也尝不尽。而我们更应该忘却烦恼，解开烦恼之结。阳光总在风雨后，不经历风雨又怎能成功？

春　草

许静蕾

　　我家楼下有一片新修的草地，草儿们生长得特别快，没几天就冒出了一片嫩绿。前几天下了一场春雨，草地上那浅浅绿意中散发出的勃勃生机便更浓了。

　　可没想到，这片新绿却被破坏了。前天我路过草地，无意间发现地上多了两道深深的车痕，车印下的小草正无力地躺在泥土里。这是怎么回事？我忙走上前查看。嘀！两条车痕一直从草地边缘到中央，显然是因为小区车位不够，有些居民便将车子停到了草坪上。我很是气恼，便将这件事告诉了几个小伙伴，大家听了，决定想个办法来保护这片绿色。可是该怎么办呢？我脑子里灵光一闪，计上心头：可以在草地周围围上阻隔物，让车子无法驶上草坪，这样难题不就迎刃而解了吗？

　　说干就干。首先，我找来了几块硬木头，在它们的上面绑了几条麻绳，将它固定成栅栏的样子。为了起到更好的作用，大家又做了一个告示牌，上面写了几条保护环境的宣传标语。

大功告成后，我们便带着这些自制工具，拿着铲子来到了草地旁。我们把告示牌小心翼翼地插到了草丛里，将栅栏围在了草地的边缘。第二天，当我再次来到草坪前时，已经没有了任何车痕。

一阵春风吹过，小草们摇曳着自己纤柔的腰肢，它们似乎成了这大好春光里最迷人的景物。

葫芦里沉淀的爱

朱 婧

今天,我收到了小姨奶奶从远方寄来的包裹。打开一看,一套崭新的棉衣展现在我的面前。棉衣展开时,突然从里面滚出来几个黄澄澄的葫芦。我望着这些可爱的小葫芦,不禁想起了去年的一幕。

去年"五·一",我和妈妈去河北小姨奶奶家玩,小姨奶奶乐呵呵地招待我们。无意间,我在仓库里发现了一个可爱的胖葫芦。我抚摸着葫芦说:"好可爱呀!要是再有几个就好了!"就是当时不经意的一句话,小姨奶奶却把它牢记在心。今年,小姨奶奶特意为我种了葫芦。她精心呵护,待葫芦成熟以后又挑选出几个好看的,千里迢迢从河北寄过来。此时此刻,我觉得手里的葫芦异常沉重。它们不仅仅是几个普通的葫芦,而且沉淀了小姨奶奶对我的关爱。

望着精美的葫芦和棉衣上密密的针线，我的眼睛湿润了，一件件往事涌上心头：记得小时候，我长得很快，小姨奶奶一个冬天就得给我亲手缝制几套棉衣。这些棉衣暖暖和和的，在寒冷的冬天让我一点也不觉得冷。转眼间，十年过去了，小姨奶奶每年都给我寄棉衣。她给我做的棉衣数也数不清！

　　我手中的葫芦虽然不如《宝葫芦》里那个宝葫芦厉害，也不如商店里卖的葫芦那么精美，但在我心中，却是天下最宝贵、最美丽的！

环保布袋我来做

陶 蕾

为了更好地宣传环保，老师决定让我们自己亲手制作环保布袋。

课堂上，同学们把早已准备好的布料、针线、剪刀等摆上桌子，四个人为一小组，大家忙得不亦乐乎！

看！男生一个个手忙脚乱，一会儿线穿不过去，一会儿不会缝，一会儿线在中间搁浅了。瞧，我的铁哥们儿连打结都不会哩。有的女生那可是手到擒来，在下实在是佩服！心动不如行动，我也很快加入了"战斗"。我先把线放进嘴里沾湿，然后用指头把线头捻细再穿，轻而易举地过了这一关。

接下来是缝制了。我想做一个背包式的环保袋，于是我把布料的正面对折起来，然后一针一线地缝起来。左一针，右一线，缝得可起劲了。可"天有不测风云"，偏偏在这个节骨眼儿上,线用完了。我只得打结,再重新穿针引线,真难啊!一不小心,针尖就刺中了手指,痛得我哇哇大叫。唉,历经千辛万苦,我终于完成了一个半成品。接下来,在口袋的开口处我又折缝了一道,利用妈妈平时戴的发卡将绳子压在边框的缝隙中,一点一点往前面的出口挤,便于装东西后束紧袋口。我再把绳子系到背包的下角,一个背包就完成喽!我这个背包可以拉伸,而且很省力,背重物时能把压力均匀地分散到两侧的肩膀,不会像手提包那样给手臂带来太大压力。

如果每个人都坚持用环保布袋,我们的家园会少一分脏乱,多一分洁净。如果每个人都迈出一小步,社会就会迈出一大步。环保,从我开始!

魔术中的科学

王　璐

魔术表演给大家的印象可能是既神奇又虚假，但是，在这种"虚假"艺术的背后，也有一些科学道理。在安徽省科技馆"疯狂科学"表演秀的教室里，讲解员朱珠阿姨表演的魔术，真是让我们大开眼界。

首先，朱珠阿姨拿出一个塞满泡沫塑料的瓶子，把瓶口朝下，泡沫塑料怎么也倒不出来。这可怎么办呢？这时，一旁的小卫阿姨走过来，往瓶子里倒了一种液体，然后，又让大家念了一遍咒语："噼里噼里噼啪啪！"过了十几秒，泡沫塑料竟奇迹般地消失了！大家十分惊讶，议论纷纷："泡沫塑料一定是被烧掉的！""那种液体有特殊功能！""那种液体一定是硫酸！"这时，朱珠阿姨笑吟吟地宣布："是液体的特殊功能，但你们知道这种液体是什么吗？""硫酸——"同学们异口同声地回答。朱珠阿姨笑了笑，神秘地说："下面，我请一位同学上来配合我表演。"一位同学上台了，可是没想到，朱珠阿姨竟让这位同学将大家都认为是硫酸的液体浇在她的手背上。我们都吓了一跳，担心地看着她们。起先，这位同学的手颤抖着，迟迟不敢举起，后来，阿姨说："就算我是为科学献身吧！"才使她增加了勇气。只见她小心翼翼地举起杯子，把那种液体一滴一滴地滴在了朱珠阿姨的手背上。在场的同学全都屏息凝神，心也都提到了嗓子眼儿。几秒钟过去了，朱珠阿姨却安然无恙。我们惊讶地张大了嘴。这到底是怎么回事呢？一个个问号闪现在我的脑海里……"这是丙酮，它可以使泡沫塑料溶解。"小卫阿姨大声宣布，"它也是工业上常用的溶剂。"噢！原来是这样，我们恍然大悟。

　　从这个泡沫塑料神秘消失的魔术中，我们又获得了新的科学知识，还知道了一个新名词——丙酮，真是获益不少。

考 试 帽

刘春燕

Hi！我是阿奔，人家叫我阿笨，这是什么原因呢？因为我每次考试都很差，经常考不及格。唉！我太烦恼了！

在一个阳光明媚的中午（我心里却阴沉沉的），我放学了，手里拿着一张试卷，坐在体育场的椅子上不敢回家，这次又考了不及格。

突然，一道光闪了过来，刺得我眼睛睁不开。等我睁开眼时，眼前出现了一位和蔼的老奶奶，正对我笑呢！我真是"丈二和尚摸不着头脑"呀！她说："我是个仙人，看你这么烦恼，就下凡来帮你！"我原本胆小如鼠，再说了，这前不着村，后不着店，万一我这一有危险，那不……

这时，那位老奶奶好像看出了我的心思，微笑地说："不要怕，我送你一顶'考试帽'。它可以帮你，讲解你不懂的题。"我半信半疑地接过帽子，以"迅雷不及掩耳"的速度跑了回家！

今天，我一进班级，就有同学对我说："阿笨，今天又要考试了，你可要再创'辉煌'呀，哈哈哈！"哼，无聊！

发卷子的日子到了，我的心狂跳不止。

"阿奔，语文100分，数学100分，英语100分！""哇！"全班同学用一万分贝的声音将我震倒。哼哼，意外吧？"考试帽"真好用！

就这样，我有了"考试帽"，就彻底把书本抛在一边，渐渐地，我连自己的名字都不知道怎么写了。一天，那个老奶奶来到我房间，收走了考试帽。她说："孩子，我给你用'考试帽'是让它在考试之前好好地给你复习功课，没想到你会这样！"仙人说后就消失了。

"完了，完了，'考试帽'没了，我可怎么办呀？"我心急如焚，像泄了气的皮球一样。可我总不能这样下去，我决定要靠自己的努力取得成功。

就这样，我根据自身的情况，制订了一套科学的学习计划，并付诸行动。在自己的不懈努力下，我的成绩直线上升，逐渐在班上名列前茅。

同学们，告诉你学习好的秘诀吧：无论在日常生活和学习中，靠耍小聪明虽然能取得一时的荣耀，那肯定是不能长久的。只有通过自己实实在在的努力，并持之以恒，成功最终才属于你！

我会说动物语

徐文烁

说来大家也许不信,我出生三天,不仅能把普通话说得滚瓜烂熟,还精通三十门外语,赛过三个语言博士,成为远近闻名的语言天才。

我的童年时代一帆风顺,可是渐渐地,人类的语言已经无法满足我强烈的学习欲望,我开始学习动物语。我只花了一年时间,就学会了天上飞的、地上走的、河里游的……所有的动物语言,并和它们交上了朋友。春天,百灵鸟为我送来鲜花;夏天,北极熊为我送来凉爽的冰块;秋天,松鼠为我送来野果;冬天,动物们给我寄来珍贵的毛皮大衣。我开心极了,一年四季的日子过得无忧无虑。

一天早晨,一位阿姨在实验室里喂一只生病的小猴吃药。小猴怕苦摇着头不肯吃药。阿姨见了焦急万分。我正好从门前走过,见状推门而入,蹲下身对小猴和气地"呜哩哇啦"地说了一阵动物语。小猴脸上的表情顿时因为害怕而变得扭曲，快速抢过阿姨手中的药片往嘴里扔。阿姨见了大眼睛里放出惊异的光芒，连忙向我道谢，并夸我是个神童，我听了像掉进了蜜罐里一样，心里甜滋滋，美滋滋的。

中午我看新闻，突然从新闻中传来，"白蚁造成树木和河堤大面积被破坏，决定用农药杀死它们"。看到这里，我心中充满了对白蚁的同情。决定劝说它们停止对环境的破坏，和人类和平共处。来到白蚁巢，一个个高大的用土堆的白蚁巢屹立着，我心中对白蚁产生了敬佩，白蚁是多么的弱小，竟然堆起了这么高大的巢。我情真意切地和蚁王说了一阵，蚁王见我对它们这样信任，感动不已，便下令不再破坏树木和河堤。另外，我还让蚂蚁教白蚁如何用双手得到食物。从此，白蚁不再破坏环境，人类也不再与它们为敌。

因为我对人类环境做出了巨大的贡献，被联合国聘为动物与人类的沟通大使。

你想和动物做朋友吗？你想像我一样成为动物语博士吗？那就拜我为师吧！

寻"绿"之旅

丁小玲

四周一片灰蒙蒙，到处是污浊的空气。我在嘈杂的大街上，心里嘀咕：哪儿有让人幸福的绿色？哪儿有新鲜的空气呀？我开始了漫长的找寻之路……

"呸"，一位老爷爷肆无忌惮地往地上吐了口痰，差点吐到我身上，我感到一阵恶心：太不文明了！

正在这时，我眼前一黑，一辆大货车从我身边驶过，上面堆满了小山似的货物。我定睛一看，原来车上满载着已被砍断的树木，肯定是拿去赚钱。我气愤极了，真想把那司机拉下来，好好教育教育！难道我们人类在地球上乱砍滥伐的树木还不多吗？树木逐渐消失，我们人类也会逐渐消失，因为我们离不开绿色，离不开树呀！植树造林镇风沙，遍地都是好庄稼，树为我们遮挡骄阳，为我们带来了凉爽。

我闷闷不乐继续往前走，突然，"啪"的一声巨响，一个垃圾袋"飞奔"而下，如炮弹似的落在我的前面，旁边还有一个甩下来的玻璃瓶，已经"粉身碎骨"了。"妈呀！好险！"我吓出了一身冷汗，心想：如果那瓶子不偏不倚地砸在我头上，那我不就脑袋开花，一命呜呼了？岂有此理！这些人怎么这么不文明？这么不爱护环境？这样下去我们的地球上的绿色会越来越少了！我越想越生气，越想越害怕：不行！我要赶紧找到拯救地球的绿色！我大步向前飞奔去。

"丁小玲，起床了！"妈妈的呼唤，将我的寻"绿"之旅画上了句号：原来这是一场梦！幸亏只是一场梦，真是虚惊一场！我看了看窗外，绿树成荫，空气清新极了，这一切多么美好！

我现在才明白绿色多么重要！如果世界真的变成了和我梦中一样，那我们真的无法再生存下去。我真希望所有的人都能意识到：绿色是我们生命不可缺少的！让我们一起播种绿色，共建生态文明，共享绿色未来！

感 谢 有 你

陈 浩

　　身上的伤，需要全身血液的配合来修复；而心上的伤，需要一个信念，一个梦。

　　我的梦，就是童年。

　　漆黑的夜，半睡半醒，朦胧中，灵魂似乎出了窍，来到某个超然世外的神秘之处，悄然拨动了一座钟……

　　一束黄澄澄的阳光斜射到这里，恍若隔世，大地映出暖色的光晕。高高的玉米丛，挡不住远处的欢笑声，烦闷的空气顿时活了，俏皮地从池塘水面掠过，带起一池水纹。清风环绕村庄，许久不散，划过锈迹斑斑的铁门，荒草丛生的园子。墙壁上，幼稚的涂鸦还清晰可见；沙堆里，还有当初异想天开埋下的种子；曾经玩耍的竹竿，还在房顶上静静地躺着……

　　清早醒来，看见熟悉而陌生的城市，灰蒙蒙的天，冰冷僵硬的水泥路，多少有些茫然与惆怅，站起身，走出门，就记不清梦里的东西了，继续那上了发条的机械日常生活。

两年前，有一场比赛。由于之前的屡战屡败，而它又事关我多年努力，所以，我拼了命地复习、准备，直到进考场的前一刻，我还在翻书。

结果是冷酷而残忍的，我，失败了。我跌下了深渊，暗无天日，比曾经的任何一次都惨。

天垮了，地陷了，人间一片灰黑，我茫然地行走着。走了不知多久，腿麻了，我还毫无知觉地继续向前。一点小亮光进入我的视野，我抬了抬头，往前。

突然，一抹开天辟地似的彩色光芒，出现在远处的天地交界线。光芒中，似乎有一个小庄子，有玉米地，小池塘和小荒园……

我浑身一震，脚下一软，坐了下来。

我想起来了。彩色潮水自天边漫涌而来，望天，白云悠然；看地，黄土厚重。我的梦，把我从深渊中拉了出来。

我的童年，感谢有你相伴，慢走，我还要再说一遍：感谢有你！

心底的那面镜子

李子安

镜子里那个我,提着一条小凳,在镜前坐了下来。我们面对面地看着对方,看这镜中的画面流动了起来,看彼此梳了梳头发,整了整衣服。当这一切又重归宁静时,镜中人已消失不见了;我,也一定出门活动去了。

这种情形,日复一日地出现着。

有那么一次,我不禁抚着镜子那粗糙的边框,心里问道:"你,究竟陪了我多久啊?"镜中人放下手笑了。"是挺久的,"他答道,"从你见到我的第一眼后,我就常伴在你身边了。"

"那可的确有许多年了。"但我不禁又有了疑惑:"你怎么记得这么清楚?""还不是听母亲说的!那一次母亲坐在镜前翻老照片,讲过去的故事给你我听。照片上的你才多小啊!那样一个可爱的小婴儿,在梳妆台上爬来爬去……"我和他都笑了。"你我都没印象了，但你也一定能想象，那时的你第一次见到镜子这样的奇物，眼中该闪烁着怎样的惊喜！你在镜子前笑过哭过，你在镜子前长大了，镜中画面变换着……"镜中人陷入了回忆。

"那时的你才记事没多久吧？上了小学，渐渐地都不来看看我。清早你急急套上衣服，抓起书包就往门外冲；晚上你洗漱完毕，摸到枕头倒下就睡。你都不看看你出门时衣衫的不整？那小小的红领巾缩在颈后。你都不看看你睡觉前头发的蓬乱？黑发湿湿地缠成一团。你不看，我不看，镜子他在看啊。你童年时的活力满满而不顾外表，镜子啊，他都看在眼里。"

我打断了镜中人意味深长的话语："还记得吗？曾在书中看到的，心理学家关于镜子的实验？""啊，那个。"他摇了摇脑袋。我们都记得：实验人员将每天与镜中的自己对视，这样问道："我是谁？"看似简单的问题，一个月后竟使那人精神崩溃。"你现在肯定理解这个实验了！现在的你常做到注重仪表，这很好，但镜子可不光反映了你的外貌！你我不就在进行思想上的交谈吗？你知道你做事不够果断，但你并不自卑。你敢于面对自己，你一定比那失败者更强！成长不光带给了你对仪表的注重……镜子这位智慧的老者，他给予你我交流的途径，但以后……啊，你明白了。"他也点了点头，对我投来坚定与信任的目光。

我将手按在镜上,他伸手与我击掌。我知道,以后我们仍将相伴永远……

　　镜外我又打量起自己,而镜内却一片平静,镜中人并不在镜中。"成长带来的不仅是对仪表的注重,还带来了……带来了什么?"我问他,他笑而不答,在心底静望着我。"你现在和我对话却不在镜前了,这是为什么?"

　　"因为你实际上一直都在我心底啊。""可你并不是一直都认识到这一点的……"啊,是这样。

　　从前我有一面镜,它就靠在家中梳妆台上。现在我又多了一面,它其实一直藏于我的心底。

　　正是成长,它使我心如明镜。成长带来我对自己的反思,带给我同内心的对话。成长中的我们,更是时不时地需要这样照照。

镜子见证我的成长

周 艳

辗转了几间教室，面对的事物无一例外的是镜子。

在我很小的时候，我就被父母带着去学跳舞。至于早期的情形，我已全然忘记。能记起来的最早期的情景，就是在一间较大的教室里，整整一面墙壁都是巨大的镜子，镜子中的教室光线不是特别好，再抬头看看那灯，果真如此。再看镜子时，镜中多了一些人，是我的同学们和他们的家长。

因为没有见过那么大的镜子，我总是希望在镜子中看见自己，我在队伍紧凑时踮高了脚，眼睛盯着镜子不放，希望看见自己的头顶；在队伍分散开时，我总向左或向右跨一步，不让在我前面的人挡住我。镜中的我矮矮的，又有些胖，很容易被忽视，头发也显得乱糟糟，额头因有汗而发亮，就是想看见自己而乱动。我会被老师一次又一次地纠正站位，以至于没有办法而被老师调到了最后一排，然后，我被通知换了一个教室。

　　当时，我不懂这意味着什么，只知道后来上课的教室换了，和我一起的同学也换了。

　　又是一年开学的季节，我进了新的教室。环境很陌生，也有许多新面孔，但我仍看见那令我熟悉的镜子。但无论怎样，我毕竟在年龄上有所增长，不能像以前那样肆无忌惮地照镜子。我在课上花费更多的时间听老师指导动作，也就更多注意到老师。镜子中的老师，通常只能看见高高的背影。挺拔的身姿，不厌其烦地为我们指导动作，一遍又一遍。

　　我开始认真起来，不知是因为年龄的增长，还是对舞蹈的爱好，我经常被老师表扬，但因为身高，我仍在最后一排，虽然离镜子越来越远，但我越来越享受每一节课。无意中，我又看见了镜子中的自己，个子长高了，整个人也精神很多。以前看起来不可能打理好的头发也不那么松散，那汗水似乎一分也没少，反而更多了，但我却没有感受到。只顾着模仿老师的动作，一遍又一遍……

　　但可惜的是，后来我因为时间的原因没能坚持下去，也就失去了透过镜子观察成长的机会。如果当时我没有放弃，或许我还能从镜子中得到些什么。

　　如果时光重来，我希望面对的仍是那镜子，那让我目睹自己成长的镜子……

小小的我长大了

侯欣蕊

我家有一面落地的穿衣镜。

从我记事起，它就已经在我家了。它的框架让它具有一份古典气息，框架上有很多的镂空处，创作它的人十分用心，为它刻画了许多精细的花纹。若是其他的颜色，我也不会说它具有古典气息，可它偏偏是白色，但不是纯白，白中带有一点点淡淡的金色，使它让人感到一种纯净，高贵的感觉。不过它现在上面已经落了不少灰了，因为它现在不常用了。

小的时候，我的空闲时间很多，而且性格也不像现在这样安静，喜欢出去玩，最常去的是杏花公园，因为那有一大块空地。穿衣镜在那时起了很大的作用，谁叫女孩子天生爱美呢！穿好衣服在镜子前照了又照，不满意便去换一套，一直到自己满意为止。

到了三年级，我就已经不这样了，所以说人的性格是会改变的，我不再经常照镜子了。但到了周末的两天，我仍然会出去玩一玩，也会用到镜子，看一看自己的衣着是否得体大方，而不再会为了漂亮，去换一件又一件的衣服了。

现在的它，可能已经被我遗忘在那个角落了吧。

周一到周五，到家就七点半左右了，早上起来穿衣、刷牙、洗脸、吃早饭都要在半个小时内完成。有时睡过了，时间就更加紧迫了。周六在家写作业，有时分分心，一天的时间就这么溜走了。周日要上补习班，补习班上完后，我也不那么想出去了，现在的我更愿意在家里待着。

只是最近有一次，要去见一个二十多年没见的亲戚，爸妈叫我穿得好看点，那个镜子又被我拿来用了。

镜子中的我已经长高了很多，脸上的痘痘也消下去了不少，红色的衣服让皮肤显得较白，黑色的部分让红色的衣服不是太张扬。"如果是以前一定吵着要穿粉红色吧！"我突然想到。"要走啦，快一点！""好！"我又回头看了一眼镜子。

镜子中的我已经变得与以前大不相同了。

我照着镜子，看着镜子中的自己。

小小的我，已经长大了。

姐　　姐

华琼玉

那里有了一堵墙。

我家的厨房边上有一块空地，不过十几平方米，一半是我家的，一半是邻居家的。

邻居是一个小姐姐和她妈妈。我和小姐姐玩得很好，通常我们能在空地上玩一下午，到了饭点也不愿离开。空地上也没什么东西，只有一张破旧的桌子和一把快散架的板凳。我常常从家里搬出一把板凳，让姐姐坐，我抹抹灰坐那把破的。但姐姐总不愿意，还笑着说我平衡力不好，会摔跤，但她不会。小时候我信以为真，因为她坐着"面不改色"，但我一坐，顿时被那摇晃吓得心惊胆战。这时，她就拉我起来，把结实的板凳让我坐。待我坐定，她定会从衣服口袋里掏出一大堆东西，一个个给我讲解，让我度过一个个充实的下午。说来也惭愧，就是这样一个姐姐，我已将她的容貌忘记大半，只记得她爱笑，爱陪我玩。

"如果我走了，你会记得我吗？"

那个下午，她第一次问我这个问题。当时的我还不很懂事，就只顾盯着她紧皱的眉头不住地点头，也不问些什么，说些什么。待她发现我盯着她后，便笑了笑，从衣袋里掏些什么。我也跟着笑。

她走的前一天，我在空地上等了好久她才来。见她来，我便招招手，又拍了拍身边的凳子："姐姐，快来！"姐姐那天带的东西格外多，装满了口袋。我玩了其中几个后，她把我拉到桌子边："姐姐可能明天就要走了。"我只当她是外出有事。"那你什么时候回来啊？""要很久吧……"她望着最高的那栋楼发呆。

"要不这样，如果姐姐回来了，就来找你，我们还在这儿玩，好吗？""好！"姐姐笑了。回家时还把她带来的小玩意儿都送给了我。

晚上，我就听见隔壁在"乒乒乓乓"地收拾东西。房子很小，收拾起来也轻松，电器不多，只有电磁炉。

第二天清晨，当我穿戴整齐想去见姐姐时，房子已经空了。

姐姐已经离开了。

好像我仍习惯于下午在空地上玩耍，只不过少了一个人；好像我还能玩得那么开心，但总会在开心后，发很久的呆。还是不一样吧。少了她，还是没能像以前一样。

姐姐走了没几天，阿姨带着一群又一群的陌生人来了，我以为姐姐回来了，便天天缩在门口盯着一个又一个的人。但，那熟悉的身影始终没有出现，我甚至想问问阿姨姐姐在哪里，但总是没说出口。过了一段时间，人们都消停了，没有一点动静。

当再有了动静时，是一个陌生的男人和一群工人，带着砖头和水泥，来找奶奶商量空地的大小。大人们大约在地上比画了一条线，很快，那线上升起一堵矮矮的小墙。那墙对于当时的我刚好只够伸出半个脑袋去看另一边。但我仍望着另一边，想等姐姐回来。

渐渐，我明白了一点事理，也明白了一些人的心理。我想到了放弃，因为当时姐姐的一句话"要很久吧"。我仔细地回想，发现她似乎从未用那样的语气来说话。那话中透着的，竟是些许不舍与无奈。我有些气馁，去空地待的次数也少了。三天一次，五天一次，一周一次，两周一次……

"房子早就被卖了，她不会回来了。"

这是我在想着放弃前，带着最后一丝希望去问奶奶而得到的答复。我终于明白，她的很久，是永远吧，只是当时的我，不懂。

在明白了事实后，我又频繁去那块空地。但望着中间那一堵墙，有一种想推掉它的冲动。但我明白，推掉它，也无济于事，还会增添麻烦。

直到现在，我才明白，世间分分合合太多，如果每个人都这样苦等，就没有办法在心中容下更多。

如果她已离去，无法挽回，就当作回忆，埋在心底。

留在老街的记忆

吴志强

　　这里有一条街，我小时候经常来这里玩，但是现在我站在这条街的末端，习惯性地回头张望，一个人也没有。

　　小时候，道路两侧有许多饭店，附近的房屋被油烟熏得漆黑发亮，街道两边还摆满了各种各样的杂货摊。只要不是雨天，这条街上吆喝声、叫卖声、讨价还价声不绝于耳。每至晴天，阳光挂在半空中的时候，车窗上、玻璃上、水洼里都含着一枚小太阳，将大把大把的光抛向周围，整个小街刹那间变得无比耀眼。

　　有一次，我路过时，看到一群可能与我同龄的小孩子，他们在不停地吹着泡泡。各种大小的泡泡很快浮了起来，在阳光下折射出梦幻般的多种色彩，然后破碎。飞溅的泡沫水落进了我眼睛里，我突然感到眼睛里一阵刺痛，听到他们的笑声，不禁喊道："笑什么笑，有本事站在这里等我回来,不要跑。"

"好啊,你能拿我们怎么样?"说完那群孩子就向我扮鬼脸,甚至还有向我扭扭屁股的。

我气极了,开始迅速走街串巷,看有没有哪家商店出售可以吹泡泡用的玩具的,心想,等我回去时,也得让他们被泡沫水辣得揉眼睛,还要再将他们加诸我身上的嘲讽,丝毫不落地通通还给他们。我越想越得意,很快就找到了一家商店。我张口就问:"老板……"可是话出口一瞬间,我突然想到了一个问题——我身上一分钱都没有!

可是老板已经闻声走出来,兴冲冲地朝我问道:"小伙子,想要什么?"

我微微低下了头,想了想又抬头看看老板:"那个,能不能借我两个吹泡泡的玩具……"

老板打量了我一下:"没带钱?""对,我用完就还。"

老板低头想了想:"算了,反正不贵,借给你了,别忘了还。"

"哦。"我无比欣喜地应了一声,跑着跳着走了。身后又跟着老板的一声叮嘱:"别忘了还!"周围的景物都在向后跳跃。没过几分钟,我就回到了那些小孩子原来的地方。果然,他们还在原地。"哈!你回来了!"还没等我把"宣战"的话说出口,一个小孩子瞥到了我手上吹泡泡用的玩具。"咦,你也要和我们一起玩啊。"

"呃……"

"那你就和我们一起玩吧！"

我本来要说："谁跟你们玩。"可是说出口的却是"好啊"。

那天下午，各种颜色的透明泡沫承载着欢声笑语，慢慢浮了起来。

……

如今，杂货店杂货摊通通被带着冰冷磁检门的超市取代，红瓦墙上的涂鸦全部被擦净，就连当初被油烟熏黑的房屋也被粉刷得洁净透亮，反射着刺眼的白光。

只有这条路，从来没变，一直都是我童年的见证。

我走在这条街的末端，习惯性地回头张望，一个人也没有。

守望幸福

偷听来的鞭策

陈宜乔

匆匆忙忙地收拾好房间，诚惶诚恐地站立在门前，心"咚咚"直跳。每听见声音一次次响起，便盯着到达楼顶的数字，那鲜红、不断变化的数字，正映衬了我的心情。

天下起了蒙蒙小雨，密集得看不清雨中的行人，越下越大，似乎是要遮住那半边天，白色的光一闪而逝，伴随着还有轰隆隆的巨响，将我原本抱有侥幸的心再一次攥紧。

电梯依然在运行，鲜红的光芒不断闪烁。最终，它停在了"3"，它显得无比刺眼，我不得不赶忙迎上去，看着你的目光，我窘迫地说声"老师好"，便赶紧招呼妈妈过来，自己逃进己方阵营。一阵风从窗外袭来，背后凉飕飕的，衣衫浸满了汗水。

透过门缝，我看见你与妈妈进了屋内，微小的声音无法传进我的耳朵，我慢慢走近房门，整个人都贴门上，双脚情不自禁地踮起，生怕你一开门发现我，随时做好逃跑的准备。没关紧的门被风儿钻了空子，它笑嘻嘻玩弄着吊灯，顷刻间，玻璃与玻璃演起了大合唱，灯光也不甘示弱向四处闪耀着光芒，我心里一紧，焦急却不敢有太大动作，踮起的脚一下子抽筋了，硬是忍着痛，双手扶着门框，一步一步地往屋里爬，刚摸到床边，便听见门开的声音。心里暗叫庆幸，只听妈妈用质疑的口气说："你在干吗，老师还在这呢，不看书不写作业的，不务正业。"还没等我反驳，便关紧了门，听着妈妈的口气我已经知道，妈妈现在很生气，晚上我没好果子吃，说不定是一顿"皮带炒肉丝"。

扭了扭脚踝，听着你与妈妈一言一语传来的声音，我急得如热锅上的蚂蚁。"不行，我必须知道她们在说些什么，才能制订出策略。"我再一次小心翼翼地向房门行进，手呈蛇形状，双脚滑着向前摩擦，身子一点一点地往房门靠近。

窗外的雨一会儿下，一会儿不下。"稀里哗啦"的声音使我听不见你们在说什么，只听见你告诉妈妈说：抓住我的学习，现在不是玩的时候。语重心长的声音让我一阵呆滞，你拉开门，看着趴在门框上的我，拍了拍我的肩。我惊到，我竟已与您并肩了！教导了我六年的老师此刻竟显得有些矮小，您教导我的样子历历在目，瞧见您脸上的皱纹，初识的你是那般的风华正茂，而现在，却……

蓦然发现，我听到的不是你们的谈话，那是对我的鞭策，对我的鼓励。

无论如何，你所经历的风吹雨打，日月的侵蚀，依然无法阻挡你为我们上课的激情。

我感受到您的温度，感受到您一颗热爱我们的心。

"贼"妈妈

李方圆

一天晚上，作业写完了，我出房门拿点东西，突然，我好似听到父母房间里有人提到我的名字，我便有个念头——偷听父母说话。

我的房间与他们的房间仅一墙之隔，我站在靠近他们房间的墙边的位置，耳朵和右半边脸紧贴墙壁，手扒在墙上，安安静静，一动不动地听着他们说话。一会儿我母亲压低声音说要给我的手机上安装窃听器。听到这话后，我感到既不解又气愤，同时我的思绪回到了几年前。

那次，我的朋友来我家做客，在我的房间和我聊了起来，中途，我突然发现原来坐远处沙发上的母亲，坐得离我房间近了些。那一刻，我便疑心她想偷听我们的谈话。我把门关得留了一条小缝后，我和朋友继续聊了起来。这时，我又听到了一个轻微的抵门声，又从门缝里看见了母亲的眼睛，那时我生气极了。等朋友离开后，我便向母亲叫道："你能不能不要再偷听我和朋友说话了！"她答道："这不也是为你好吗？关心你才时刻注意你，才会偷听你讲话呀！"

想到这里，我更加小心翼翼地猫着腰，踮着脚走到他们的房门前，将耳朵悄悄地贴着门，尽量不让门动。这时，我又听到他们说要趁我上学翻我的手机记录。偷翻我的东西，也是不给我留自己的空间，和偷听也没区别吧。这一下我更气愤了，可更多的是对父母用如此方式想了解我的情况感到疑惑。此时，我又想起来三年前，有段时间，我天天记日记，往往记完日记不是放抽屉里就放枕头下。有一天晚上回家，我分明记得我把日记本放在抽屉里，可却在枕头下找到。当天吃晚饭时，他们突然和我讲到我日记中的内容。那时，我一下子很委屈，自己的日记每天被偷看，当时我就告诉他们让我留点自己的空间。可现在，听到他们还要做相同的事情，我顿时感到十分愤怒。

这时，我从门缝中看见母亲的眼睛有点泛红，眉头紧锁，眼神里透露出不安和担忧，又想到我刚刚的动作和父母偷听的行为难道不是一样的吗？顿时，我心中的愤怒与疑惑一扫而光。

是啊，可怜天下父母心！他们日日夜夜关心我们，试图了解我们，却很少被真正理解过。往往，我们只会觉得不耐烦，受不了他们过度的关心，可是，除此之外，他们还能怎样了解我们，保证我们不走上错误的方向呢？

不要怪你的父母，宽容他们的偷听吧！

迟放的电话

王乐颖

外公有一个习惯：与别人打电话说过"再见"后，不会立即挂电话。

这个习惯是我多年前偶然一次发现的。

外公常年住在外地，顶多过年时回我们合肥这儿一两次。因此，我们通话的次数就很多。那年，我考级，考完后，第一时间给外公打电话。

"喂……外公，我考完了！"

"考得怎么样啊？"

"还好吧，正常发挥。"

"……"

"那好，成绩下来后告诉我，我挂电话了啊！"

"啊，好，好。"

出于对长辈的尊敬，也许还有一些别的情感，我并没有先按手机屏幕上那个红彤彤的键结束通话。

我在等对方挂电话。

如果对方挂了电话，屏幕上那个红键会变成灰色。但它没有变色，还是红色的！还是那么亮！

"孙女说她考得不错！……"我忽然听到电话那头有声音。

"还说她妈妈……"

"还说……"

我把电话放在耳朵边上，大气都不敢出一声，屏着呼吸听。

突然屏幕上的红键变灰了。

屏幕上的通话时长至今我还记得：十五分零四秒。但是，我与外公真正聊天的时间十分钟还不到。

我盯着手机屏幕，不由自主地猜，外公会是跟谁说那些话呢？外婆吗？舅舅吗？

小的时候，我与外公外婆待在一起的时间比与我父母待在一起的时间都要长。小的时候，我动作慢，尤其是吃饭，所以在幼儿园吃午饭经常还没吃完，甚至还没吃多少时，饭碗就给老师收了上去。所以，每天放学后，我都会很饿。外公至今还反复对我说："那时候我每天下午放学后都要给你买包子，最多的一次你竟然吃了三个！还大口大口地往嘴里塞，一看就知道在幼儿园里没吃到什么东西！"

直到上小学三年级时，外公外婆去了外地，在此之前，我几乎天天都上他们家。

自那次以后，每次我与外公打电话，都不会在说"再见"后立即就挂断电话，而是把电话放在耳边，屏着呼吸，听那头的人会说些什么，直到他主动挂断电话。

有一段时间，可能因为他们太忙，每次通话没说两句就急急地挂电话。那段时间我特别怕。怕外公他们在外地待太长时间，把我们以前在一起的时光给忘了，把我给忘了。

可是，偷听，就不一样了。

那段时间，每次他说过"再见"后，仍然会兴致勃勃地向电话那头另一个人说我的事儿，有时还会为我而骄傲，有时也会感叹不能常回来，有时还会哈哈大笑。

每次都不能听完整，因为每每说到一半时，电话就挂了。

即便如此，我也满足了。

偷听，让我走进外公的心里；偷听，拉近了与外公的距离；偷听，让我重新认识了亲情。

少了一半的土豆丝

孙光华

"妈妈又出差了！"我一边从柜子里拿泡面一边抱怨道，"好久没吃妈妈炒的土豆肉丝了。"

土豆肉丝是我妈妈的拿手菜。记忆中不知道多少次吃妈妈炒土豆肉丝。

每次妈妈总是用刨子细心地去土豆皮。然后清水清洗放在砧板上备用，随后她把肉块拿出切成一小片小片的，然后再用刀将肉片切成一条一条的肉丝，放入碗中再放入生抽、淀粉和少量的水进行腌制，趁着腌制的时间，妈妈将土豆斜着放，用刀熟练地将土豆切成片，然后把片堆在一起，只听"咔嚓咔嚓"的声音，刚刚还是片状的土豆，现在已经变成了条状，堆满了整个砧板。妈妈打开煤气灶，将油倒入锅中，用油温锅，一分钟后将腌制好的肉丝倒入锅中，锅中传来"噼里啪啦"的声音，不断地翻炒着，本来穿着红大衣的肉丝先是变成浅红色，然后又变成了浅白色。这时倒入土豆丝，再翻炒，土豆的黄色越来越淡，而肉丝的颜色越来越深，每当妈妈发现土豆被炒得有些透明，肉丝被炒得发棕，便麻利地将火关闭，土豆丝和肉丝的香味交织在一起，随着那似薄纱般的白气升向空中，溢满了整个厨房。

每当妈妈将土豆丝端出厨房，放在餐桌上时，还没开饭土豆肉丝已少了一半。

我抱着侥幸的心理给妈妈发了个短信："妈，我想吃你炒的土豆肉丝了，泡面好难吃。"我静静地在手机旁等了几分钟，还是没有收到回信，便将泡好的面强忍着恶心吃了下去，走到书房写起作业来。两个小时后，写作业写累的我打起了哈欠，伸了个懒腰，然而就在这时从门口走进来一个熟悉的身影，是妈妈！"你怎么回来了？你不是出差去了吗？"我问道。妈妈回答道："你不是想吃土豆肉丝吗？我就临时去肥西那边，赶回来了。你赶快写作业。我去炒土豆肉丝了。"我欣喜地进房又写起作业来，十分钟过去，妈妈已将她的得意之作放到桌上，望着半透明的土豆和棕色的肉我不禁食欲大开。开始狼吞虎咽了起来。妈妈不禁在旁边道："慢点，慢点，小心别噎着。"又看了看周末作业又说道："快吃，快吃，还有好多作业呢！吃完赶紧写。"趁我吃土豆肉丝的时候，妈又拖着她劳累的身体做起家务来。看着妈妈扫地的身影，瞥见她头发上几根银丝，我不禁愧疚自责起来。

土豆肉丝里满满的是妈妈对我的爱。

我 的 阳 光

陆佳梁

时间过得可真快啊！转眼间，我就上了六年级了，个子长高了，脾气也越来越大。有一次，为了一件小事，我差点跟妈妈发火。当时，妈妈突然看着我，对我说："唉，好想念你小时候我们的生活啊！"

看着妈妈失望的眼睛，我也想起了过去的事情。有一次，我们出去吃饭，妈妈和她的朋友聊到我的小时候，她自豪地对朋友说："有一次，我在卫生间洗衣服，儿子跑过来看。突然，他又跑了回去，我想他是怕衣服被水溅到吧。没想到，他就摇摇晃晃地挪着他的小短腿到客厅给我搬了一个小板凳来。"她那眼睛里有一种满足的眼神，脸上也散发着骄傲自豪的神情。而现在，她的眼神里却满是委屈、失望。爸爸经常去外地出差，我们家里主要的事情都是妈妈来做的，她就是我的厨师、保姆和老师。我不想在外面吃，她就想方设法做各种各样的菜。我不喜欢到理发店剪头，她就买来工具在家给我剪。我有作业不会，只要她一出现，问题就迎刃而解了。妈妈给我做这么多，我不仅没有回报妈妈，反而还跟妈妈发火，我一下子觉得自己很愧疚。

小时候，我就听过《羔羊跪乳》和《乌鸦反哺》的故事，讲的是小羊为了报答母亲，就跪着吃奶和乌鸦长大后会照顾父母。连小羊都知道要感恩母亲，连乌鸦这么令人反感的鸟类都知道要回报父母，我难道连小羊和乌鸦也不如吗？

这时，妈妈站了起来，走出了房间。我看着她的背影，发现妈妈的背没有以前直了，妈妈茂密的黑发中似乎有了一根白头发。我想：这都是因为我呀！

我在心里下定决心，我以后不能这样了。我应该仔细地听她说的话，不应该把那当成耳边风。我对妈妈不能那么粗鲁，要尽量保持冷静，不要因为一点点的小事，就对妈妈发火。我现在每天回家第一件事就是写作业，当我中途想磨蹭一会儿时，我就想：赶快写，这样自己能多休息一会儿，妈妈也可以多休息一会儿。我有时快要控制不住自己的情绪，想无理取闹的时候，我就想：冷静、冷静、冷静！这样我就把到了舌头尖的话咽了回去。

我想，经过我不断的努力，妈妈那自豪的眼神一定会重新出现的，她也会因为有我而骄傲。

崭新的老屋

李欣然

黑暗中，骤然亮起一团光芒。

一位老者，缓缓踱步而来，我没有看清他的相貌，可那沧桑的气息，我一下子就认了出来。

是你啊……我尽量控制住自己的声音不颤抖。下一刻，我就看见，柴垛与小树依偎在一起，它们身后若隐若现的，可不就是那座老房子吗？褐色瓦片覆盖着苍白的屋子，院子里的青石板是如此深邃而祥和。地上的小坑依稀可见，那里，好像还有一窝蚂蚁。门缝里，我看到了那株葡萄藤，还有那座狗棚。那棵树还是那么高，它的枝条在微微摇动，是在欢迎我吧？我加快了步伐。

绕过柴垛，就看见一扇大铁门。原本亮蓝色的油漆已经暗了下去，与铁锈再不分彼此，一块块焦黑的斑点，一个个幼稚的字迹，一片片陈旧的竹板，无一不在向我诉说着曾经的岁月。

　　院中古树，不知存在了多少年，依旧高大。但它的躯干上，一道道深深的裂痕纵横交错。孤零零的枝条，再无绿叶。我靠在树干上，想起了那个漆黑的夜晚。

　　那一晚，正值盛夏。只见无边的巨大云山自天际轰隆隆地走来，稠密的黑云遮蔽了月光。突然，一声巨大的闷雷炸响在头顶，一会儿，又有一道紫色的闪电划破天穹，击打在远方。我敬畏地望着天，心中甚至有些无助与恐惧。

　　一转眼，看见那棵树已和天幕融为一体，狂风暴躁地折断了它的肢体，掉在地上，可是它似乎并不在意，躯干挺拔如故。我看着它，久久无言。那一夜，它傲然立于风雨，淡然面对雷电的身影烙在了我心中，挥之不去。从那以后，我觉得这棵树是比天高的，心中也多了一种东西，多年之后，才知道，那叫信仰。

　　后院的葡萄藤，已丧失了它的灵性，如同死蛇一般垂在架子上。它干枯的表面有无数道皱纹，只有风吹过时，它才轻晃几下，似乎是在哀悼它逝去的青春。我不由得叹了几声：我和你一起长大，我的路才刚刚开始，正值青春年少，血气旺盛，你却……唉……

　　顺着院墙，走进了一片小小的菜地，各种嫩苗都已破土而出。地中，还有一道小小的、干涸了的小沟。恍惚间，我又看到了当年的烈日下，一个孩子拿着铲子，努力挖土的场景。沟很小,但那是我一铲子一铲子挖出来的,那也是我第一次发觉成就感带来的快乐吧。

菜地边上,是一座狗棚,那里空荡荡的。我的眼光又黯淡了。那只黄毛大狗,那只曾经每天跟着我跑前跑后,采集晨露,感受夕阳的大狗,它已经在另外一个世界上了,我眼皮低低地垂下来。

周围的景物,突然变模糊了,天旋地转中,清晨的阳光洒到脸上。

我穿戴好,走到阳台上,太阳从东方的地平线上跃起,唤出一片朝霞。灿烂云霞中,那座老房子,又一次出现了,我心中一痛。

风吹来,带着泥土的味道。

我无法回去,只能把那座老房子,深深地,紧紧地,印在心中。

奶奶的老房子

胡子涵

"当我还是小孩子,门前有许多茉莉花……"唱得不错,记忆中,的确有茉莉花,只不过是在老房子的门前。

轻轻推开那老房子粗糙的木门,"吱呀"声随即而来。那木门上清晰的"皱纹",不像树木年轮那般的井井有条,而是如同被刀割了似的乱无章法,给人以岁月的沧桑。那有些泛黄的墙壁与杂乱的木头柴火,可以看出,这房子早已成了"小仓库",是真老了。很久没人住了,自从几年前换了新房,仿佛就再也无人踏足。房子不大,几十秒的散步时间也就能环绕一周。有后院,原先有猫有狗,但现在也一去不复返了。院里的石榴树结果了,仿佛就快掉下来了。

关上门,那"吱呀"的响声就如泉水泠泠作响,将我带回了童年。

奶奶总是在厨房里忙来忙去,当她做完饭后,总是慈爱地问我好吃不好吃。记忆中，奶奶总是一副这样的形象。她的眉毛就如同画师用笔扫出来的一样，给人以温暖的感觉。她还时常点上一盏暖光灯，暖人心房。每当我作业写累了，她还与我一同去喂兔子。手捧一大把白菜，一根根地喂给兔子吃。它们的嘴在上面捣来捣去，惹人喜爱。可后来，又养了一条大黄狗，凶极了，总吓得我直不起腰。奶奶就经常批评它，最后连大黄狗也不养了。

不必说那老房子带给我的幸福，也不必说那小动物，单是那后院里的石榴树就带给了我甜蜜的回忆。

奶奶常常在后院里摘石榴，她总是在缺人手接石榴的时候找我。她总是俯身上去，叫我在下边接。她往下一扔，我就东跑西溜，常常弄得一地都是，篮子中空空如也。捡起地上快裂开的石榴，剥开它，一粒粒地抿。奶奶也忍不住地抠下来，显得喜气洋洋。那晶莹剔透如同珍珠似的石榴粒就是我满满的童年回忆。

那老屋子就一直一动不动，一点一点地记录着我的童年。

时间长了，我长大了，回忆起来还别是一般滋味。

时间长了，奶奶老了，更显慈爱。

时间长了，房子老了，再也不漂亮了。

一切似乎都在变化：泥坑路成了水泥路，小道的两边有了电灯……但那唯一不变的，是那房子带给我的记忆。

想起来，我那一枕冷清还未散去，也不知道明天的老房子会给人以何许画面。

心中的牵绊

许子璇

目的地与此处还有很长的路。突然下车的原因,我自己也不太明了。可当那个站名被公交车所报出的时候,我竟木木地从座椅上站了起来,头也不回地离去。

阳光明媚到有些刺眼,我眯起眼睛,抬头仰视掉漆围墙里近乎完工的高楼。

我算是回来了吧?在这里。

那片蛇莓地我很是喜欢,不为别的,就为蛇莓的模样,鲜红鲜红的,像得到了最多阳光,不过我所见过最大的一个也不过大拇指盖大小罢了。记得一次因为贪吃,大家忍不住摘了几个来尝尝,也没品出什么滋味。倒是一个有"才学"的惊呼有毒,于是几天里我们无不忧心忡忡,告知家长可能还会挨说,只好瞒着。好在只有一个身体不大好的拉了几天肚子,其余人都安然无恙,不过以后不敢乱吃东西就是了。柿子树是最寻常的，大院里随处可见。有很多却掉落在地上摔烂了，我从不讨厌吃柿子，但见得多了自然也没胃口。一天，在大院里闲转，取下只红柿子在手中把玩，路过只找食的小白猫，撕去柿皮，放在地上远远地望着，那小猫虽只是舔了几口，我却也是很欣喜了。春日，我用小纸盒养了几条蚕，蚕是老爸怂恿养的，我对那胖乎乎的小虫子没啥兴趣，不过找桑叶倒是挺积极。手中拿个保鲜真空袋，树上的桑叶一片片跳入袋中，运气好还可以摘到紫红的桑葚，酸甜酸甜的，比先前的蛇莓好吃不知道多少倍。

老房子后有一块很大的空地，我和小伙伴们一起玩"七步成仙"，八月出生的我是孩子里年龄最小，同时个子最矮的一个。我穿着宽松的运动裤，双手向后荡，铆足了劲儿才奋力一跳，不肯浪费一步。

我们所依恋的，所热爱的一切，大概就像这样吧。你走近它，甚至还没来得及说话，整个人就燃烧了起来。就像火焰，点亮暗淡之处。

关于老房子的人和事，是我心中那么一簇向着阳光而生的花，比一切美酒都要芬芳，温热的馨香淹没过蛇莓地，淹没过柿子树，淹没过小小的蚕茧，淹没过充斥欢声笑语之地，淹没过我的胸膛。

故乡的老屋

林英杰

坐在疾驰的火车里,脑中不住地忆着老宅。青砖,黑瓦,粉墙,古色古香。虽常在父亲的口中听到,自己却是第一次回到家乡。

路两旁的树,受到春的召唤,初长新叶,老宅在新生中,更凸显了它的沧桑。

踏上门前两块光滑的青石板,轻轻地敲响老宅的门,生怕打破这静穆的气氛。"吱呀——",门被推开了,表弟从门里探出了头。

跨过早已褪色的木质门槛,自出生就不在故乡的我,第一次真正地回到了家。初进宅门,有一种冷清清的感觉,但在老房子里东摸摸、西瞧瞧的表弟,为庭院增添了一丝生机。

"啊!蝴蝶!"表弟激动地叫道。一只浅黄色的小小蝴蝶刚刚离开花朵，正向着别处飞去。"抓蝴蝶啊！"弟弟的嬉闹声传遍全宅。但此时，我似乎看见了从前的自己，也曾像这样调皮过，嬉闹过。

但那都是过去了。

从庭院向内部走，在书房门前遇见了奶奶。看到我，便高兴地朝我笑着走了过来。"大孙子来看你奶奶啦！""嗯，奶奶好，您老正看书呢？""是啊，我看了这么多年，都还没看完呢……唉，真是老了！"奶奶半开玩笑地说。确实，这么多年的两地相隔，我已记不起上次是在何处相见。

走进书房，古籍的气味扑面而来。阳光从西边的木质镂花窗户中斜射而入，整齐的书架倒映下层层灰蒙蒙的影子。

轻轻拾起一本书，淡棕色的书页咔嚓作响。这是一本比我还年长的书，似乎已经躺在这个孤独的角落里，长久无人问津。随意地翻开，两片呈黑色、已近乎碳化的梧桐树叶从内掉落出来，这似乎是我小时候最爱做的事——收集各种各样的树叶。这可能是上苍送给已逝去童年的我的一份礼物。

童年，似乎已是很久以前的事了。那时的我，又何尝不像表弟这样，在外婆的老房子里追蝴蝶，嬉花草？场景未变，变的却是人。时光，一去不复返。

听父亲说，这间老房子已有五十多年的历史了。它，见证了我们一代代人的成长。

整个房子像是静立的风景，房间内暗影浮沉，各种木质家具潜藏在阴影中，像是一位位沉默的智者。它们用淡定的眼神，用细腻的感受，感触着一切的人情冷暖。

初次回到故居，总觉得城里的房子比老房子少了些什么。没有了绿树，取而代之的是一辆辆奔驰的汽车；没有了青石板路，取而代之的是水泥楼梯；看不见木制的大门，映入眼帘的是一扇扇冰冷的铁门。

透过窗户向外看去，梧桐树那长相奇怪的枝干向高处生长，枝干上挂着一个秋千。浅绿，湖绿，墨绿，交相辉映。表弟正和几个孩子在树荫下快乐地玩着玻璃球。故乡的故居养育了一方人，被一代代的人所享用。一个人对故居，对故乡的感情不是浅淡的忆想梦吟，而是浓烈深沉的爱。

故居所牵绊住的，是我的心。

故乡与我的关系，是风筝与线。

重 回 故 居

孙海博

重回故居，入眼，便望见了那栋老房子。它依然安静地坐落在那个村子中。正值中午，懒散的阳光洒下，覆盖了整个村庄，一切都是那么安详，宁静。

坐在熟悉而又有些岁月斑斑的阳台上，阳光洒在身上，感觉身上暖暖的，躺椅中的我，甚是惬意。午后的阳光并不那么耀眼，只觉得亲切而又舒服。

房子，经过几十年岁月的冲刷，许多的砖瓦已经有些破裂，院子的角落，一个小小的沙丘，我似乎看到了我儿时嬉戏的场景。伸手，去追寻儿时的感觉，儿时的沙，被太阳晒得甚是柔软，握在手里，感觉很暖和。此时，我手中的沙，早没了儿时的感觉，在手中，显得阴湿寒冷。起身，缓缓地步入房子中，迎面而来的是一股朴素的气息，旧的橱柜，旧的椅子，与原先不同的是，添了几件实用的家电……

奶奶从屋内走出，看见我，显得有些惊愕。随即，孩子气地叫唤："老头子，老头子，孙子来看你了。"我有些无奈地站在那里，但，眼角却不知不觉地湿了，呆呆望着十分惊喜的奶奶和她额头上刀切一样的皱纹。奶奶伸出手，抓住我的手。奶奶的手，皱巴巴的像油纸一样，我有些不忍地看着她的手。爷爷从楼上走了下来，看到我，便加快了脚步，四处翻箱倒柜，给我找了块饼干，硬生生放到我手里，开心地说："给，给你留着的。"我有些受不了这种爱，但眼角还是不知不觉湿润了，我不想让他们发现，拿着饼干，跑上楼。坐在阳台上，眺望着远方的山，手中握着饼干，回想刚刚的一幕。

老房子中，有我喜欢的安静，它低调而不缺乏亲情，来往的人群，都是熟识的邻居。往往，一句简单的"吃了吗"就让我心头一暖。新房子的街道，所有人都忙着自己的事，一副副陌生的面孔，才发现，我竟如此孤独。

老房子中，我喜欢和奶奶坐在摇椅上看着天空。月下，一位老人悠闲地讲着牛郎织女的故事，一个小孩坐在草地上嬉戏，旁边，萤火虫飞舞。如今，耳边伴随着奶奶慈祥的声音。画面定格，这有多美好。

当一切定格时，心是多么的温暖！我们一直向往着新的生活，我们一直追求着更多的物质享受，我厌倦旧的过去，渴望新的生活。但，当我真的把画面定格住时，我又开始怀念过去,那夏日的萤火虫,童年的那块小小空地,以及浮现在眼前的欢声笑语。

所有的一切早已在我搬离时便已谢幕,画面无法定格,回忆也只是回忆,记忆中的画面,被贴上永恒的标签,不会改变,改变的只是我。在这里生活了几十年的老人们,似乎将要消失了,好像要与大地融为一体,可是,那慈祥的目光一直伴随着我。这栋老房子,也无法消失,它承载了我太多的回忆,记忆的最深处,总有这样一个山村,一座承载了我童年的老房子。

夕阳渐渐染红了云霞,天色将晚,我该回家了。转身,看见三婶从屋子里走出来,朝着我露出了笑容,皱纹却更深了。三婶也老了,时间早已在她的脸上留下了岁月的痕迹。离开时,三婶嘱咐我:"娃啊,有空常来吃饭,好好学习,别和你爸顶嘴。""嗯。"载着满满的祝福,一路前进,向着成功的彼岸。

而我知道,无论我如何,最少,我还有记忆中的那栋老房子。

重回故乡

田嘉怡

久居城市，静坐在家中，家里门窗紧锁，喷洒的空气清新剂的味道弥漫开来，伴着阳台种植的花草香气，让久居城市，每天吸食雾霾的我，得到了一丝舒心。可这远比不上故乡清新的空气与油菜花的清香。

记得那年，我还小，我们一家人回到老家过年。小孩子天性贪玩，而大人们忙于干活，自然管不着我，我也就有了一个好机会去好好地参观一下故乡，领略故乡的风土人情。

故乡没有平整的马路，停车也要停在很远的地方，有的只有老家门前的这一条坑坑洼洼的土路。

故乡的风是清爽的。远处，风儿携着花的清香，沿着这条土路向我跑来，钻入我的鼻中。这引起了我的好奇，我再也忍不住了，跑上土路，踏着花香前行。

一路上，我遇到了许多户人家，家家户户都张灯结彩，庆贺新年的到来。我还看见好几户人家的大院是敞开的，两扇张开的门就像两只伸出的手臂，欢迎邻里的到来。在我奔跑的过程中还有人冲我喊："当心点，别跑那么快，小心摔着咯。"

香味变重了，近了，快到了。我来到了这里——一片金灿灿的油菜花田，我走进它们，有的已经灿烂，而有的则含苞欲放。我挑了一朵开得很灿烂的油菜花，将头凑近了点，猛地一吸，一阵清香扑面而来，伴着一股清香吸入鼻中，在鼻腔中慢慢散开，传向身体的每一个地方，心旷神怡。

我在这空旷无人的地方一个人玩耍了起来。玩累了，就坐在油菜花田旁的石墩上歇歇脚，望着一碧如洗的天空，吹着阵阵凉风，闻着油菜花的清香，天空中还不时飘过几朵白云，飞过几只小鸟，使我这颗爱玩闹的心也得到了平静。

我珍惜着每一次到故乡的机会，可随着时间的推移，老家的亲戚陆陆续续地搬来城里，故乡也渐渐淡出了我们的视线。

又是新的一年，又到了登门拜年的时候了，我一如既往地坐上车，倒头就睡，半路上被一阵轰鸣声给吵醒了。我揉了揉眼，向远方望去，只看见一座座平房轰然倒下，砖瓦的破碎声震撼着我的心灵。

再往前驶一段路，一条黄色的缎带在我眼前闪过，我下意识地将头转到右边。是油菜花田！内心如获珍宝般兴奋了起来，我意识到这是回家的路了。可这黄色的缎带像是被人破坏了似的，断断续续，再到后来就完全消失了。

我想到之前被推平的房屋，又看到眼前这断断续续的油菜花田，很不和谐。我拍了拍老爸的肩："老爸，老家该不会……""不会的。"我看到他的眉头皱紧了。

回到老家，尘封的记忆被翻新了，故乡修了好几条平整的马路，汽车的行驶畅通无阻了。老家门前的那条坑坑洼洼的土路也被水泥填平。

大人们回了老家是为了打扫卫生，正忙着呢，也顾不上看我，我也就自己一个人走回了门前的那条路，朝着那方向走去。

一路无风，闻不到油菜花的清香。路两旁的房屋大门紧闭，各家大院儿也都锁得牢牢的。

我来到了油菜花田，眼前的景象就像我的内心一样，空虚，无助。我找到了以前的那块石墩，坐了下来，朝前凑了凑，深吸了一口气，"咳咳"。抬头望望天空，一尘不染的天空多出了一个黑点，远处的化工厂排放出滚滚浓烟。

天灰蒙蒙的。即将重拾故乡的美好回忆，却被眼前的景象所迷惑。它近在咫尺，却又不可触及。

我留下美好回忆的地方是在故乡，可故乡已经变了，变得不再是我所认识的那个故乡了，故乡再也回不到从前的模样了。

我所能做的，只是把那份宝贵的回忆和我认识的故乡珍藏在心底。

小巷里的阳光

马祎阳

搬出爷爷的躺椅，放在熟悉的位置上。面向阳光缓缓坐下，将身体完全靠在椅子上。四周镀上了一层温馨的色彩，鸟儿在槐树上叽喳鸣叫，蝴蝶在花边翩翩起舞。但突然，爷爷模糊的身影隐隐约约地出现在我的眼前。眨眨眼，一切却都是原来的模样。

还记得刚上小学时，每天清晨，在阳光温柔的抚摸下，城市渐渐苏醒，开始了新一天的繁忙。吃完早饭，爷爷就拉起我的手，拎着我的书包，带着我上学去。从巷子里，穿过那铺满阳光的街道，面对着太阳，向着学校走去。

太阳渐渐升起，送完我上学的爷爷也拎着新鲜的蔬菜，踏着满地阳光，回到了家。习惯驱使他搬出躺椅，闲适地坐在家门口，悠闲地晒着太阳。

阳光透过槐树那斑驳的枝叶，与树影相互交错，掉落在屋顶的瓦片上，掉落在巷子的入口处，掉落在爷爷的身旁。他或阅读一本书，或坐在椅子上打个盹，或什么也不做，却始终守望着我归来的必经之地。

有时，爷爷也会去学校接我。站在楼上的我经常向下张望，看见爷爷走到校园里，在学校大门附近等着我。爷爷在耐心等待时，或看看手表，或抬起头，目不转睛地守望着我所在班的位置。一看见爷爷，我就急急忙忙地收拾好书包，蹦蹦跳跳地下了楼，和爷爷牵着手，踏着夕阳一起回家去。

夕阳西下之时，华灯初上，爷爷背后的影子一直延长到背后的门上。以门隙为转折点，半个影子在地上，半个影子在墙上，仍然在守候着我。看到我回来，爷爷立刻站起身来，伸手接过我的书包，领着我去餐桌前享用晚餐。

时光如阳光般，在街道上穿梭。车辆载满时间，来来往往。

我是爷爷守望着成长起来的。如果自喻为含苞待放的花朵，那爷爷当之无愧是最美的养花人，为我除草，为我施肥。

一天，我放学归来，却没有在门口看到爷爷。推开门，走进房间，半天听不见爷爷的声音，只能看见爷爷躺在床上。"爷爷你怎么了？"我焦急地问。"爷爷生病了。"完全没有被我注意到的爸爸在一旁回答道。听爸爸这么说，我的心像是刀绞一般，呆立在了爷爷的床边。"人吃五谷杂粮,也生百病。老人家生点病是很正常的。"爸爸安慰我说。

周末,爸爸带着病情加重的爷爷去了医院,同行的还有一个我。医院里,明亮的白炽灯照射在雪白的地砖上,显得格外刺眼,深深戳痛了我的心。爸爸忙着带爷爷去做各种检查,我低着头,默默地跟在后面,一句话没有说。这里人来人往,每个人都脚步匆忙。在这个有喜悦有悲伤的地方,等待着我的究竟是什么?

忙了一个早上,爸爸终于给爷爷做好了检查,办好了住院手续。天空早已乌云密布,病房里光线暗淡,寂静无声,阴沉沉的。爷爷安静地躺在病床上一动不动,只能听见吊水瓶和时钟那近乎同步的滴答声。我坐在椅子上,面对着病床上的爷爷,双手托腮,两眼放空,恍若神游,就如爷爷在家门口守候我一样。

"天气预报说今天有雨,快点回去吧,我留在这里就好。"爸爸对我说。

从医院出来,灰蒙蒙的天空,就像因泪水而模糊的眼睛。我在这压抑的气氛下孤独地走回了家。一进家门,倾盆大雨如约而至。我透过冰冷的窗户,守望着那雨中摇摆的槐树,突感几分空虚与飘忽……

雨天终将过去,爷爷康复回家。阳光依旧透过槐树叶子的间隙,洒在小巷斑驳的地上。上学去的我快乐地走出小巷,眼前豁然开朗,我能感受到身后摇晃的躺椅上爷爷守望的目光。

回　　家

姚佳芮

那段时间，家里闹得鸡犬不宁。

没日没夜无休止的争吵，随着"砰——"的一声巨响戛然而止。那一刻时间仿佛被冻结。门口杂乱丢弃的鞋，餐桌上两周前吃饭的碗筷，洗碗池内堆满的锅碗瓢盆，以及散落地面或有字或空白的稿纸……无意间又瞥见阳台上奄奄一息的吊兰，它似乎也正向我摇头叹息。

透过门缝借着昏暗的手机的光线，看见一个蜷缩在床上的背影。隐约听见断断续续传来的声音，我有些迟疑地把耳朵贴到了门上。

"昨晚……他……他……一夜都没有……回来，你说……我能……能……怎么办？"母亲说完这句，便一直无语，时而带着哽咽"嗯""嗯"作答，时而几声啜泣……我用一声咳嗽打破了冗长的沉默。房间里的身影闻声回头，将要说出口的话卡在喉咙未说出口。母亲咳了一声，慌乱地拭去面颊上的泪水。看了看一脸愕然的我，再没有说什么。

我默默地退回自己的房间，打开音响，找出一首纯音乐，调暗灯光，靠在椅背上揉着太阳穴。

是夜，再没有听到开门声。

周六，上完辅导班回到家，拿起钥匙的手却顿在门口，隐约听见屋内有男女在交谈："算……算了吧，毕竟还有孩子……至少在孩子面前……"母亲的声音越发低沉，我没有听清后面的内容。我不禁想到那天房间里的背影，不住叹气。谈话似乎很快结束了，我听到愈发清晰的脚步声，便慌忙跑开了。

那天之后，我没有再回去。一天又一天，我等待着一个人来把我接走，或是一条信息叫我回家，但是没有。我只等来了一个电话，电话那头的人让我——回家。

一进家门，屋里和一周前相比完全是另一番景象：鞋整齐地码放在鞋架上，除了一盆鲜花外餐桌上空空如也，厨房干净整洁，客厅窗明几净……

我悄悄来到父母房间，母亲敲打键盘的清脆声音和父亲在电话里与人交谈声夹杂其中，却又如此和谐，我哑然失笑。父亲看看我点了点头，母亲低声说了句："嗯，你回来啦……"

一件不该听到的事

秦欣楠

那一天,我偶然听到了一件我本不该听到的事情。

从小我就有点招风耳,因此,我听东西特别清楚,尤其是那些窃窃私语,更加能引起我的注意。所以,大人们每次说悄悄话都会背对着我,用手遮住嘴巴,生怕我读懂了他们的唇语。他们说话时已经到房间里关着门说了。

那天傍晚,太阳快要落山了,伴随着"咔嗒"一声开门声,妈妈焦急地走了进来,连拖鞋都没来得及换,径直走进了书房,锁上了门。我很好奇,便悄悄地趴在门上偷听。只听见妈妈的抽泣声和爸爸的安慰声。过了一会儿,事情终于听出来了点眉目:外公生重病了!

上一次我去看他时,他已经不能下床了,听大人说是得了脑卒中。只见他脸色苍白,嘴角时不时抽搐几下,看到我来了,慢慢地抬起手,招了招,示意我过去。我怕吵醒病房中的其他病人,踮着脚来到他的身边。他用他的大手握着我的小手，可是却没有了原来的力道，掌心也是冰冷的，被我的温度暖了一下，好了一些。在我记忆里，那是个有些沧桑的老人，不是很高但也不矮，顶着一个将军肚，仿佛肚子里塞了个大西瓜。最令我印象深刻的，是他那慈祥的脸庞。他的眼小而有神，像两颗黑豆，眼角有一道道时光留下的皱纹。小时候，我每每骑在他的肩上，用力拽他的头发，他都忍着疼痛，慈爱地看着我。

过了一会儿，我因上课而不得不离开，我脑中浮现出外公苍白的模样，还在犹豫要不要走，外公本想挽留，想了一下说：“快去上课吧，下次外公好一点了给你买冰棍吃！”我不放心地走了。家里的长辈们聚在门口谈论外公的病情，我没刻意去听，想必我也听不懂，反正就是很严重的病吧。看着原本清静的病房里，突然变得忙碌起来了。人们焦急地穿梭于各个房间之间，面色凝重。听大人们说，外公的后半生大概要在病床上度过了，我不禁怅然若失。我知道这个结局是不可改变的，可我就是接受不了，为什么要让我提早偷听到了结局……

自此以后，我再没见到过外公。

外公走了快十年了，回想起往事的点滴快乐与幸福，只能依靠那冰冷的照片。那次偷听让我听到了本不该属于我的悲伤，也许这只是我不愿接受这个结局的借口吧。又或许这只是成长路上的必经之路，以后我将怀着外公对我的期望，继续刻苦学习，不要让他还继续为我操心。

自此以后，我再也没有偷听过大人讲话。

懂

龚雅璇

我醒了。

手，在床头柜上摸索着，当眼镜回到鼻梁上时，才缓缓睁开了眼睛。

阳光透过玻璃窗洒在地板上，我知道，那个房间还是一成不变的景象。

卡其色的被子叠得宛若豆腐块，床单上没有一条褶皱，就像平静的水面。

又上班去了吧，妈妈。

像这样的清晨，与半夜清晰的、钥匙转动的声音，加上第二天坐在桌前，面对笔记本电脑有规律地敲打键盘，就基本构成"我与妈妈之间"的全部。

那天中午，你回来吃午饭，奶奶开的门。我在房间里，听见你高跟鞋踏在地上的声音，手中的铅笔不由得停了下来。

"嘿,我回来啦!"你穿过门,径直走到我身边。

"我知道的,听见你的声音了。"我放下笔,冲你笑了笑。

谁料你却双手叉腰,挑了挑眉。

"哼,你小时候,我一回家,都跑着来迎接,现在长大了,就这个态度吗?"我还未来得及回答,你便将视线投到我的手绘本上,"今天画了什么?"

我拉开抽屉,取出一张撕下的纸,推到你面前,淡淡道:

"这个,不好看,撕了。"

你捧着它,仔细端详着画上的少女。

"我觉得很棒啊,光服饰就很精致。"

你双手撑在我的课桌上,取过本子将纸夹进去。几缕发丝垂下,映入眼帘,那种很久以前的、熟悉的、淡淡的香渐渐弥漫在我身边。你转过头来望着我,透过那乌黑眼瞳的深处,我仿佛能看见一个小小的自己。

"况且这是你的作品,要好好保存下来。"

很难得今天你有空,便拖我出来逛街。长椅上,我望着吃着丸子的你,圆圆的娃娃脸和丸子如出一辙,不禁笑了起来,你却不满地说小时候的我和你一样,说着,便掏出了手机。

手机相册里,除了你所售卖的各种钻戒,就只剩我和你的照片。

我自己都没有印象了呢,小时候是这个样子吗?

你得意扬扬的,像是在炫耀着什么只属于自己的宝贝,一张一张,指给我看。

"你上幼儿园,这是在杏花公园,太小了也就只能玩个飞椅。

"一年级时送你的七仔玩偶,半个拳头大,你那时候可喜欢了,睡觉都放在枕边,后来也不知怎么,就弄丢了。

"你和姐姐一起玩沙画,我说小羊的模板多好看,你也是属羊的啊。可你不听,最后选了兔子。"

……

对吧,有些东西,一直都在那里啊,看见的看不见的,手触摸不到。

就那样静静地,长久地注视着你,就那样无孔不入地,完全地渗透进你,即使过去很多年,你不断地变化着,它却还是老样子。

从我们出生开始,就在那里。

到我们离开后很久很久,仍确实,在那里。

默　默

杨成贤

又到外公家了。

外公像往常一样,安静地躺在床上。床,是旧的;人,是老的。他紧闭着眼睛,看起来毫无生机。

我走到床前,轻轻唤了声:"外公。"

他立刻睁开了双眼,脸上划过一丝惊喜:"哇,你来啦!"他默默地望了望我,我也友好地望了望他。虽然现在身体欠佳,但他是我最感谢的人之一。

他,默默送我走完了小学六年。

一年级时,他还是一位老当益壮的人。每天中午放学,他都会雷打不动地去接我,同别的家长一样。校门开了,孩子们一窝蜂地涌了出来,他们如约定好了似的,一个个把书包往自己的爷爷奶奶手上一丢,便自顾自地跑了。我看着其他孩子的德行,有时也把书包小心翼翼地卸下来，交付到外公手上。可他只把手一拱，淡淡冒出一句："给我干什么？自己背。"

我只好略有些失望地重新背上书包，跟着那些"没有负担"的孩子们向前挪。外公，则在后面默默地看着一个驮着大书包的小孩，慢慢向前踱着步子。这使我在看到"自己的事情自己干"后深有体会。

是的，外公并不宠我，但这并不代表他使我不快乐。小时候的我，仿佛与外界总是隔了一层屏障，朋友屈指可数。外公便经常在下午鼓励我叫左邻右舍的同学们来家里做客。孩子们总会受到外公热情的款待。渐渐地，我与同学们相处得更加融洽。外公在卧室中看着我与同学们玩乐的身影，兴奋的笑容稍纵即逝。

外公亦对我的学习负责。我有次在大院里与同学们一起，一边玩一边写作业。他知晓后，阴着面孔将我训斥一通："这样写的作业质量能高吗？"外公在学习之外，还教会了我炒面，侍弄害羞草，照料小鸭子……不过这一切，在五年级时，就仿佛画了一个休止符。外公的身体，在那天下午第一次受到了时间的创伤。

那时是初冬，阳光难得出来了，照得街边的树儿看上去有了一丝生机。树枝上枯黄的叶子，斑斑驳驳的，将太阳光反射到了我那焦急而苍白的脸上。外公，像被电击中了一样，倏地就在超市里晕倒了，血从后脑勺迸发出来，吓得我动也不敢动。那一刻，我是外公唯一的亲人，我本能地向爸妈打了电话。

救护车冲来了,爸妈也匆忙赶来了。我们同外公一起,登上了车。外公躺在那里,如同一个天真的孩子,毫不知情地望着我。我默默地笑了笑,努力做出开心的样子,只希望告诉他:一切都会好起来的。

外公,到现在还未对我道谢,道谢我那时冷静的陪伴,可他教育了我这么大,我向他道过谢吗?家里人,双方这么做,似乎都是应该的。

无意中听妈妈说过,外公曾告诉她:"你儿子很聪明,千万别惯坏了!"外公这一生,其实有一个很大的遗憾:考上了上海交大,没钱去上。那"不惯我"的原因究竟是什么?我想,就是守望着我,弥补这遗憾吧。

从此,我为了三代人的誓言,默默地发奋学习。

偷 听

陈志远

晚上,房间里传出一阵争吵声。

平日里一向十分和蔼的奶奶不知怎的突然和爸爸争吵起来了。好奇他们在争吵什么,眼前的作业也无心去写了,我便猫着腰,脚步轻轻地踏在地上,尽量不发出一丝声音,推开门时,门不争气地"吱呀"了一声,爸爸的声音突然顿了一顿,我屏住呼吸,希望爸爸还没发现,哦!谢天谢地,爸爸没有发现,继续说了起来。

"既然他不喜欢家里的饭,那明天就让他出去吃了。"

……

不禁想起,奶奶一定是因为我早上嫌她早饭太难吃,而不吃,在向我爸告状。

心情似乎一下子沉入了谷底。月亮挂在天上,发出一些好似带着寒意的光芒。马路上，车子的喧嚣声穿进了屋子，飘进了我的耳朵里。知了似乎也不再鸣叫，只有爸爸房间里的争吵声不停地钻进我的耳朵里。我捂着头奔跑到了床上，眼前一黑，时钟嘀嗒嘀嗒地响着，不知过了多久，床单似乎已经被泪水浸湿……

第二天早上，我拿起书包，似乎就想往外冲，奶奶急忙将我拦住，她将她做好的鸡蛋饼端到我面前，那鸡蛋饼色泽鲜艳，鸡蛋在上面看起来金黄金黄的，上面有几个小葱，发出阵阵香气。我随意往垃圾桶一望，突然看见几张烤煳的鸡蛋饼被扔进了垃圾桶里，细细地数了数，一张、两张、三张、四张，一共五张鸡蛋饼。奶奶又对我深情地说道："你爸爸想让你出去吃，我不肯，便连夜起来为你做鸡蛋饼。"

"我已经知道了，我真，我真……"

奶奶很淡然地点了点头。我脑中似乎又浮现出了奶奶在天还没亮时起床，为我和面，搅鸡蛋，一个饼子不行，又做一遍……眼泪不争气地流了出来，我扑到奶奶的怀中，想说什么，但最终又咽下去了。

多年以后，再次和爸爸谈论起此事，爸爸笑道："哪有此事，和奶奶的争吵，也只是为了你的改变！"

再次想起那次偷听，心中充满的似乎只有温暖和父亲与奶奶深沉的爱。

守望幸福

柯 涵

生活中有许多人在学习、家务等方面帮助过我。但，唯有她，从我出生到现在都没有和我分开过，为我的成长尽心尽力，一直守望着我、期盼着我长大，这个人就是我的外婆。

听外婆说，我两岁就被送到了幼儿园。我第一天到那里，对那里很陌生，还有一丝恐惧，以为家人把我丢在那里不要我了，我就放出我的招数——哭！外婆看到我哭了，她也很难过，就站在教室外，落泪，一连数天我都是上午去上课，下午赖在家里不肯去，外婆无奈之下，也就只好不让我去，在家里教我唱歌，后来，渐渐熟悉了幼儿园的环境，才开始全天都去上课。

我依稀记得，上学前班时，我得了麻疹，夜间外面蝉不停聒噪，热得如同蒸笼一般，似乎要将一切蒸熟。浑身如同千根狗尾巴草一般不停地挠,我就忍不住去抓痒,结果就更严重了,躺在床上恨不得用手铐将双手铐住。外婆伸出略显粗糙的手用劲攥住我的手,使我动弹不得,我痒得忍不住就伸手去抓。但外婆的手如同钳子一般让我的手连动都动不了。两个人都无法合眼,就这样熬了几个晚上,症状最终缓解下来,终于能好好睡一觉了,虽然她几个晚上也没有睡觉,但她仍对我说:"你先睡去吧,我把家务做完再去睡。"

长大了,学习负担重了,我每天晚上都学习到很晚,外婆也陪着我。有时候她会问我:"要不要喝点水?"如果在我正想着题的时候我会责怪她:"能不能等我写完这题再问啊!"外婆就只好出去,过了一会儿,她端了一杯水轻轻地放在桌子上,没说话就出去了。我仔细想了想,外婆都六十来岁了,每天还陪我这么晚睡,关心着我,我却用这种态度对她,心里无比愧疚,我也很担心她的身体,但她还是毫无怨言地陪着我。

守望是一根细线,有它牵系,我这只风筝飞在再高再远的天空里,也不会迷失。

守望是一轮春阳,有它照亮,我这枚果子站在再大再猛的风中,也不会坠落枝条。

守望是一叶小舟,我要乘着它,在生活的海洋中,缓缓前行,珍惜每一丝亲情,珍惜每一粒幸福,珍惜每一个有外婆的日子。

外公的田

周子承

在我的印象中,外公一直是个和蔼而又勤劳的人。

他个子不高,脸上爬满了皱纹,两只小眼睛一笑起来,就眯成了两条缝。而他的手呢,长满了粗糙的茧子。

快过年了,我们一家人捎上大舅,一起回老家看望外公外婆。这儿的变化可真大啊!曾经,凹凸不平的土路变成了宽阔平整的水泥路,路边的草地上多了许多大工厂。而当我们经过一个路口时,妈妈忽然说:"看,旁边那条小路!"哦!在那不起眼的地方,有一条狭窄的土路,弯弯折折,通向河边。顺着这条小路,我的思绪也弯弯折折地,进入了回忆。

小时候,外公家在河边。一栋简单的砖头房子,推开厚重的木头门,颗粒分明的水泥地板,头顶上的房梁撑出一个角度来,把屋顶撑得高高的。屋里,灰白的墙壁上,挂着一口显眼的老式木钟。推开正对着的后门，就是那片田了。这是外公最喜欢的地方。整齐的田垄上，一片青绿蔓延开来。地里，一棵棵白菜，一棵棵菠菜，一株株棉花，像孩子一般，在风中摇晃着脑袋。这是外公用汗水浇灌成的。

每次回到老家，我最喜欢的事就是挖野菜了。提着小篮子，握住小锄头，跟在外公结实的背影后下到田里。他一锄，我一锄，不一会儿，篮子里的野菜就满上来了。旁边，一群鸡"咯咯"地叫着，大摇大摆地从旁边过去。邻居家的大黄狗坐在那儿，一动不动，伸出舌头，呆呆地望着我们。

如今的河边，只剩下残砖破瓦了。而外公，早已住进了新建的民房里。

年初三，我们就要回去了。这时，外公忽然说，要带我们回老房子。他提着篮子和锄头，兴高采烈地领着我们穿过灰白的大楼，穿过冰冷的水泥路，回到了那条小土路上。他高兴地哼着小曲儿，明明已经六十多岁了，背影却像个孩子一般。

老屋前，只剩破碎的砖瓦、破碎的木头。明明是刺骨的冷，却还是有一丛野草从废墟中钻了出来。我不禁纳闷："阿公，你带我们来这儿干吗？"

"嘘，"他把一根手指放在嘴唇上，两眼笑得眯成了缝，"跟我来，你就知道了。"

顺着草丛间的一条隐秘的石板阶梯，我们绕到了老屋后。

眼前的一切都是那么熟悉。整齐的田垄上，一片青绿蔓延开来。地里，一棵棵白菜，一棵棵菠菜，像孩子一般，在风中摇晃着脑袋。一切似乎回到了从前，我不禁张大了嘴。

"阿公，你……"

"反正这块地也没人用，不能浪费了嘛！我老了，棉花种不动了，只好种些菜咯。"外公笑道。

"你一直都在这儿种菜？"

"是啊，来来来，我给你们挖一点带回去。这可好吃了，一点农药都没打。"外公的眼睛又眯成了两条缝。

回到家，煮上一锅菠菜汤，香气四溢。夹一筷子放进嘴里细细品尝，嫩嫩的，甜甜的，正是从前的味道。

哦，外公，原来，你一直没有忘记那块田，原来，你一直没有离开大地的怀抱。

照 镜 子

于春峰

人仿佛只有在镜子里，才能观察到最全面的自己。

"嘿，儿子，你又长高了。"我和老爸站在镜子前，背靠着背，侧目盯着镜子中的父子俩。透过镜子，我看到我与老爸的肩膀几乎齐平，紧挨在一起，像是对手间一定要争出个高低。只见老爸的笑容，月牙般翘起的嘴角难以平复，真是满意，就知道，是我胜出了。

饭后，我像往常一样，拿起扫把，这掏掏，那扫扫。"呦，真能干，比小时候能干多了，扫得干净了。"老爸递过簸箕，"那是，毕竟长高了。"镜子里，我的背佝偻着，脚步缓慢，听到他们的表扬，我掩饰不住流露出的喜悦。

还记得小时候，总觉得镜子很神奇，它是唯一一种能让我看见自己的工具。还是小时候可爱，红润而胖嘟嘟的脸，大大的眼睛透露出孩童的幼稚。那时也是，总仗着自己年纪小，什么都做不好，扫地至少半小时，值日时总在玩，镜子中的自己自由散漫，拿着扫帚活蹦乱跳。

现在，长高了许多，再照照镜子，与小时候相比有了许多不小的变化。

身材更加消瘦，下巴也显得更尖了，脸色略显苍白，或许是因为经常在深夜被寒风刮掉了血色吧。发型也没有以前规整，乱蓬蓬活像个鸡窝，时时长得遮住耳朵，真影响听课效率。乍一看镜子里，这真是我？是谁啊？眼睛里不时跳出几根红血丝，眼皮也松垮垮的，好像一不留神，我就能会见周公了。

这个深夜，万籁俱寂，镜子中的世界也是如此，只是多了一个成长中的少年伫立在面前。

我努力憋出一个笑脸，很是灿烂，是爸爸妈妈时常对我做的动作。

关了灯，上床睡觉，镜子里的残影被拉长，显得更加高大，我真的长大了。